JACQUES GIRAUD HERRERA

SUPER-RESILIENTE

Transforme as crises em oportunidades

Uma história real

JACQUES GIRAUD HERRERA

SUPER-RESILIENTE

Transforme as crises em oportunidades

Uma história real

DVS EDITORA

www.dvseditora.com.br
São Paulo, 2023

SUPER-RESILIENTE
Transforme as crises em oportunidades

DVS Editora Ltda. 2023 – Todos os direitos para a língua portuguesa reservados pela Editora.

Nenhuma parte deste livro poderá ser reproduzida, armazenada em sistema de recuperação, ou transmitida por qualquer meio, seja na forma eletrônica, mecânica, fotocopiada, gravada ou qualquer outra, sem a autorização por escrito dos autores e da Editora.

Design de capa e montagem:
Escarpia Producciones @escarpiaproducciones
Foto de contracapa: Alfonso Zapata @alfonsozapata

Tradução para o Português: Suely Rodrigues
Projeto gráfico e Diagramação:
Márcio Schalinski | LC Design & Editorial
Revisão: Hellen Suzuki

```
Dados Internacionais de Catalogação na Publicação (CIP)
        (Câmara Brasileira do Livro, SP, Brasil)

Herrera, Jacques Giraud
    Super-Resiliente : transforme as crises em
oportunidades : uma história real / Jacques Giraud
Herrera ; [tradução para o português Suely
Rodrigues]. -- São Paulo : DVS Editora, 2023.

    Título original: Super Resilient : Transforms
crises into opportunities
    Bibliografia.
    ISBN 978-65-5695-080-8

    1. Gerenciamento de crise 2. Luto - Aspectos
psicológicos 3. Motivação 4. Morte - Aspectos
psicológicos 5. Perda (Psicologia) 6. Relatos
pessoais 7. Resiliência 8. Superação I. Título.

22-137971                                  CDD-158.1

            Índices para catálogo sistemático:

        1. Crise e crescimento pessoal : Psicologia aplicada
           158.1

    Inajara Pires de Souza - Bibliotecária - CRB PR-001652/O
```

Nota: Muito cuidado e técnica foram empregados na edição deste livro. No entanto, não estamos livres de pequenos erros de digitação, problemas na impressão ou de uma dúvida conceitual. Para qualquer uma dessas hipóteses solicitamos a comunicação ao nosso serviço de atendimento através do e-mail: atendimento@dvseditora.com.br. Só assim poderemos ajudar a esclarecer suas dúvidas.

A Deus, por me permitir ser e estar consciente.

À minha família: Miriam, Jaime †, Trini, Ciro †, Loraine, Miryam, Ariane, Jean Paul e Cirito, pela paciência e pelo amor em tempos difíceis.

A María del Carmen Lara, Huguette Guarani, Flávio Guarani †, Atilio Urdaneta, Tomás Vásquez, Julio Trujillo e Alejandro Aguirre, por me ensinarem que a generosidade de coração existe.

A John Morton, pelas palavras sábias e de conforto que recebi nos momentos mais desafiadores.

A Belkis Carrillo, por incentivar-me a escrever minha história.

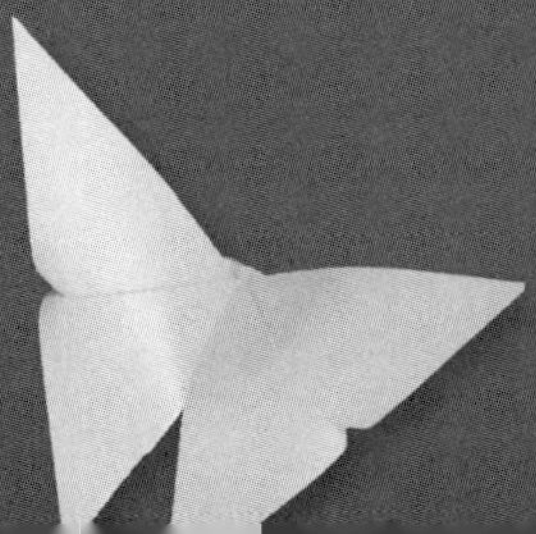

Agradecimentos

São tantas pessoas a serem mencionadas! Em meu coração, só existe gratidão a elas. Eu as mencionarei em ordem alfabética (lembrem-se, sou engenheiro) e peço desculpas se esquecer de alguém:

Andrés, Cástor, Diego, Eligio, Família Caraball-Mieri, Família Sánchez-Cuevas, Gustavo, Hans, Ismael, Juan Felipe, Kenny, Kina †, Leonardo, Mariana, Mercedes, Michel, Peter, Rita, Roberto, Saúl, Tomás, Yesmin.

E aos outros anjos que me acompanharam nessa etapa tão estranha e mágica da minha vida.

Para esta edição em português, minha eterna gratidão a Eliete Lessa, Suely Rodrigues, Branca Barão, Nice Triervailer, Gustavo Maia e Fernando Sabaté.

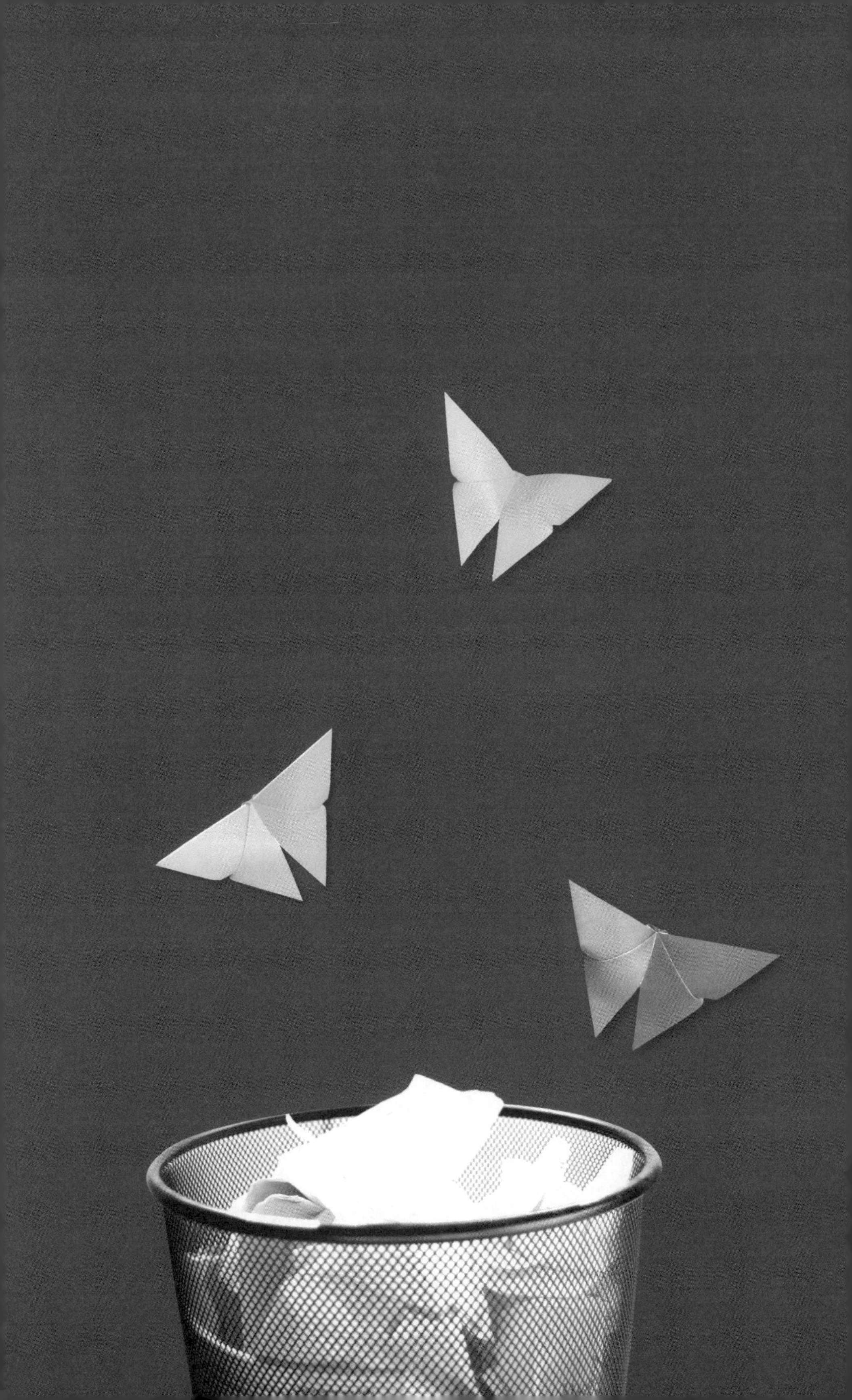

Sumário

Prefácio 10

01. Meu mundo desfeito em pedaços 13

02. Da crise à oportunidade: resiliência 29

03. Atravessando o processo de perda 57

04. Ter consciência – a porta para a recuperação 81

05. Assuma a responsabilidade: o poder está em você ... 107

06. Crie resiliência: decálogo para renascer 125

07. Comprometa-se consigo mesmo 129

08. Aceite, assuma e flua 143

09. Observe e escolha a paz 157

10. Utilize tudo para aprender, crescer e avançar 165

11. Alimente seu orgulho de sobrevivente 175

12. Abra-se ao apoio social 187

13. Cultive o bom humor 205

14. O "universo" conspira a seu favor 209

15. Não se trata de amor, trata-se de "amar" 219

16. Aprenda a agradecer 225

17. Super-resiliente: do *Homo sapiens* ao *Homo resiliens* 229

Prefácio

Queda e ascensão de um guerreiro

Jacques é um amigo de longa data. Tantas coisas aconteceram nesses tempos, que parece ser um amigo de outra vida. Tive a oportunidade de conhecê-lo quando fiz tradução simultânea de seminários que ele facilitou no Brasil; na convivência em casa, quando ali esteve hospedado e, também, durante meu Insight IV em 1999, no Chile, onde ele esteve presente. Claro que isso não é suficiente para dizer que o conheço profundamente, mas é possível, sim, fazer uma apreciação de sua personalidade. Comunicativo, alegre e feliz com a vida, além de ser um facilitador competente — foi essa a leitura que fiz de Jacques.

De uma forma geral, tendemos a superestimar a condição emocional de pessoas que estão à frente de algum movimento, seja um líder ou um facilitador de seminários e *workshops* voltados ao aprimoramento de nossa condição mental, psíquica, emocional e até física. Existe uma tendência a imaginar que tais pessoas têm tudo bem resolvido internamente, por isso ocupam esses postos. Todos nós somos humanos e — sem importar nossa função laboral, posição social, condição intelectual, ou financeira; se somos pessoas muito conhecidas ou simplesmente anônimas — todos estamos sujeitos à beleza, à alegria, ao amor, a riquezas e, também, à feiura, à tristeza, ao ódio e às fatalidades que a vida proporciona, indistintamente.

O que diferencia as pessoas diante da mesma situação é a atitude, o que escolhem fazer com as coisas grandiosas ou trágicas que chegam a suas vidas. E o que diferencia os verdadeiros líderes daqueles que *se dizem líderes* é a capacidade de liderar a si mesmos, antes de liderar os outros. Só um verdadeiro líder é capaz de fazer autocrítica, rever a própria conduta e corrigir seu curso, com honestidade, humildade e integridade.

Neste livro, foi possível reconhecer essa qualidade de verdadeiro líder que reside em Jacques. Em meio a tanta tragédia que envolveu sua vida nos últimos 18 anos, tragédia que ainda não terminou por completo, ele foi capaz de rever e detectar cada ponto em que falhou, na tentativa de refazer seus caminhos desfeitos, de forma alheia à sua vontade, reconhecendo as próprias fragilidades e a incapacidade de colocar todo seu conhecimento em prática nas horas de grande dor.

É possível ver a queda e a ascensão dessa personalidade tão especial, que não apenas relata todos os acontecimentos, que são intrigantes e despertam grande interesse, como também elabora um manual para recuperação de situações como as que passou, e outras, capaz de abater qualquer ser humano. Ele mostra vulnerabilidade sem medo ou vergonha, algo próprio das inteligências que sabem que a vulnerabilidade está muito longe da debilidade e extremamente próxima da nobreza de caráter e do reconhecimento próprio.

Ele usa os próprios passos para exemplificar esse *manual de recuperação*, pretendendo, com isso, apoiar outras pessoas na conquista da resiliência — essa qualidade de Ave Fênix que está dormente em nós, mas que pode ser despertada para conquistar uma vida de plenitude, além de possibilitar que cada um crie seu próprio acervo de ferramentas que possibilitem enfrentar os embates que, embora não desejados, devem ser aceitos e entendidos por todo ser humano maduro, pois, certamente, sempre surgirão na vida dos que habitam este planeta.

Com respeito e carinho ao Jacques Giraud, que ocupa um lugar especial em minha lista de amigos — e que agora posso dizer que conheço mais profundamente —, agradeço este aporte à humanidade e honro o legado que deixa aos seus familiares, de sangue e de alma. Eu me incluo neste último grupo.

Fantine Thó

CAPÍTULO 01

Meu mundo desfeito em pedaços

Minha difícil, e não concluída, vivência pessoal será o ponto de partida para demonstrar que a possibilidade de superar as adversidades, e de sermos resilientes, está em nossas mãos.

> "Lembre-se sempre de que você é maior que suascircunstâncias, mais do que qualquer coisa que possa acontecer". – **ANTHONY ROBBINS**

A resiliência mora dentro de cada um de nós: todos somos testemunhas dela. É nessa premissa que se apoiam as ferramentas para superar as adversidades, descritas nas páginas subsequentes, e não somente em meu desempenho como *master coach* e facilitador durante duas décadas, mas também e, principalmente, na minha longa e desafiadora experiência pessoal que se estende por quase 16 anos.

Minha intenção, nestas páginas, é criar um guia de como superar qualquer crise ou perda, usando a resiliência e, por intermédio da minha história, trabalharmos juntos para aprender e transcender. Esse conjunto de acontecimentos inesperados que vivi mudou radicalmente minha existência. Senti-me perdido em minha própria confusão e negatividade. Muitas vezes chorei e, em alguns momentos, fiquei paralisado, não conseguia usar as mesmas ferramentas que tive a bênção de usar para guiar milhares de pessoas. São estas as razões que me levaram a criar este guia de ferramentas e chaves para acompanhar você e, juntos, encontrarmos as bênçãos ocultas que existem em cada experiência desafiadora.

Saiba que tenho muita dificuldade para falar de mim, das minhas conquistas. Atrevo-me a fazê-lo porque preciso contar tudo que perdi com essa situação. Dessa forma, você poderá trabalhar na avaliação de sua história para, no final, descobrir o que verdadeiramente se perde, seja externa ou internamente, e aprender a recuperar a confiança em si mesmo.

Sempre fui estudioso. Eu me formei como engenheiro mecânico na Universidade Simón Bolívar, em Caracas. Fiz minha pós-graduação na Universidade Católica Andrés Bello e, posteriormente, fui certificado como facilitador, *coach* e mentor em instituições reconhecidas dos Estados Unidos e na Espanha. Sou um autodidata e meu *hobby* é ler.

Paralelamente aos estudos, dediquei-me a enriquecer minha carreira. Aos 18 anos, participei do primeiro módulo dos Seminários Insight®, um programa pioneiro de crescimento pessoal, criado em 1978, que abrange mais de 20 países. Esse seminário abriu um mundo novo de autoconhecimento, consciência e inteligência emocional em mim. Os ensinamentos aprendidos ali guiaram grande parte das minhas decisões, como jovem e como adulto, tanto na minha vida pessoal, quanto profissional e de negócios.

Depois de me dedicar anos como voluntário ao Insight®, decidi participar do programa de facilitadores e, em 1997, recebi minha certificação, o que me permitiu viajar por vários países da América Latina e conhecer pessoas muito importantes para mim — pessoas que se transformaram em uma família por escolha.

MINHA PRIMEIRA EXPERIÊNCIA DE PERDA

Um evento decisivo para o meu processo de aprendizagem pessoal tem data precisa: a noite de sexta-feira, 6 de dezembro de 2002. Naquele ano, a Venezuela atravessava uma agitação política e econômica em meio a eventos perturbadores, não só para a história do meu país, mas também para a minha. A pior face da tragédia se apresentaria às portas da minha vida pessoal, e da minha família, naquele ano.

Em abril de 2002 e depois de três anos de um mandato marcado pela destruição sistemática das instituições democráticas e da propriedade privada, o então presidente da República Bolivariana da Venezuela, Hugo Chávez Frías, foi derrotado momentaneamente. Poucas horas depois, militares leais ao governo retomaram o poder. Nos meses seguintes, grande parte da massa trabalhadora aderiu a uma greve geral em meio a fortes repressões contra dirigentes da oposição, provocando, ao longo daquele ano e dos seguintes, um grande derramamento de sangue sobre as ruas do meu país.

O marco dessa comoção foi a Praça Altamira, localizada no leste da cidade de Caracas e conhecida neste momento como a Praça da Liberdade. Ali era o cenário das manifestações públicas, que protestavam contra as atrocidades das políticas econômicas e as violações aos direitos humanos cometidas pelo governo de Hugo Chávez. Meu pai foi à Praça Altamira naquela tarde de dezembro de 2002.

Jaime Federico Giraud Rodríguez, químico profissional, professor da Universidade Metropolitana e da Universidade Simón Bolívar, 57 anos de idade. Por décadas, exerceu seu ofício na antiga Petróleos da Venezuela, era um cidadão com profunda tendência pacifista, com grande senso de justiça e, como todo venezuelano, preocupado com o futuro dos seus, mantinha-se atento à situação do país.

SUPER-RESILIENTE

Na tarde daquela sexta-feira, ele me ligou para pedir que o acompanhasse à Praça Altamira. Eu acabara de chegar de uma viagem de trabalho e recusei o convite. Foi a última vez que falei com meu pai.

É O RELÓGIO DO PAPAI

Tanto minha família quanto eu compartilhávamos um pensamento democrático contrário às políticas ditatoriais da administração do, então, presidente Hugo Chávez. Embora nunca tivesse sido membro oficial de um partido político, participei de protestos e concentrações, angustiado com a situação a que aquele regime antidemocrático levaria a Venezuela. Como, de fato, aconteceu.

Motivado por esses valores e pelo que acontecia na Praça Altamira, meu pai, em companhia de dois amigos, dirigiu-se até lá naquela sexta-feira à tarde, para exercer seu direito de protestar pacificamente. Decidi ficar em casa para descansar, depois de uma viagem a Brasília, onde havia facilitado um curso e, além da necessidade de resolver assuntos relacionados ao meu negócio de restaurantes, havia o fato de já estarmos participando da greve geral.

A televisão, ligada em um canto do meu apartamento, no condomínio Santa Rosa de Lima, transmitia, ao vivo, as notícias do momento. Um estampido ressoou no aparelho. A tela mostrava pessoas que corriam e gritavam. Um tiroteio tomou lugar na praça.

Imediatamente lembrei-me de que meu pai estava lá. Peguei o telefone e liguei para ele. Não respondeu. Era por volta das 7h da noite.

Nos minutos seguintes, continuei atento às imagens que a televisão mostrava. Várias pessoas presentes na Praça Altamira tinham sido baleadas fatalmente. As notícias seguintes detalharam os eventos daquela noite: na zona sul da praça, um homem alto, com cabelo e sobrancelhas tingidas de vermelho, aproveitou para se misturar à multidão concentrada no lugar. Sem que nenhum dos presentes notasse as suas intenções, o misterioso sujeito sacou uma pistola Glock calibre 40 e, segurando-a com as duas mãos, apontou para a multidão. Descarregou uma primeira rajada. Recarregou sua arma e a esvaziou novamente. Quatro tiros por segundo. A matança teria sido prolongada se um dos presentes não tivesse imobilizado o assassino atingindo-o com uma bandeira.

Eu permanecia paralisado pelo espanto que as imagens da televisão transmitiam. Entre as imagens exibidas daquele caos, a câmera mostrou um corpo caído no chão, meio coberto pela bandeira tricolor. Em um dos extremos destacava-se apenas uma mão que levava em seu pulso um relógio. Era um *Casio G Shock*, o mesmo que papai usou por anos.

Dirigi-me imediatamente para a praça. Quando cheguei, os mortos e feridos já tinham sido levados a diferentes centros hospitalares. Eu estava com 32 anos naquele momento. Minha irmã mais velha, Loraine, morava em Málaga, Espanha, e meus dois irmãos mais novos, Ariane e Jean Paul, de 16 e 19 anos de idade, estavam sozinhos em casa. Busquei-os para levá-los até meu padrasto e minha mãe (meus pais se divorciaram quando eu tinha sete anos). Em companhia da minha mãe, comecei a busca nas clínicas e hospitais. A noite caiu com todo seu peso sobre os meus ombros; era o peso de enfrentar a situação.

Sem compreender tudo que se passava ao meu redor, eu fluía ao ritmo dos eventos. Comportamento decorrente dos ensinamentos que transmitia como facilitador dos cursos dos Seminários Insight®, enfrentei as complicações uma a uma, à medida que surgiam no caminho.

A busca foi árdua. Pouco depois da meia-noite, e ainda que a princípio eu resistisse à ideia, tive que assumir a pior das hi-

---
1. N. da T.: Equivalente ao Instituto Médico Legal (IML).

SUPER-RESILIENTE

póteses. Depois de percorrer clínicas e hospitais, dirigi-me à Medicatura Forense de Bello Monte[1]. A mais terrível das conjecturas tomou forma. Lá estava meu pai, vítima fatal de um tiro no estômago, com um segundo impacto no crânio.

Meu pai foi a primeira pessoa baleada por um indivíduo que, de acordo com as testemunhas da matança, foi identificado como partidário de Hugo Chávez. Seu feroz ataque, conforme disseram, tinha o objetivo de intimidar os manifestantes da praça. Naquele que logo seria chamado de "O Massacre de Altamira", foram mortos, junto com papai, a senhora Josefina Iniciarte e Keyla Guerra, uma adolescente de apenas 17 anos. Outras 29 pessoas ficaram feridas.

Na madrugada, tocou a mim ser o mensageiro da pior notícia que um filho pode dar. Comuniquei-me por telefone com a esposa do meu pai, para contar a tragédia. Falei também com minha irmã mais velha. Cada ligação me aproximava da situação mais difícil da noite: informar à minha avó paterna, Adalia, que seu filho mais velho tinha sido assassinado.

OS DIREITOS DE UM HOMICIDA

Ante a matança, o país reagiu feito pólvora acesa. Apesar da violência dessa noite de 6 de dezembro, a Praça Altamira continuou sendo cenário de protestos. Entrevistado por jornalistas e apresentadores de prestigiosos canais de televisão, como a CNN, condenei aquelas mortes como um ato de opressão e covardia. Minha mensagem tinha o objetivo de mostrar a necessidade de terminar com a crise nacional. Mas também falei de paz. Que, mesmo com a magnitude dos eventos ocorridos, deveríamos buscar a conciliação e não reagir por raiva, medo ou dor. Foi uma mensagem pacificadora, uma postura de amor.

O céu se encheu de balões brancos durante o funeral do meu pai. Estiveram presentes na cerimônia desde os mais importantes líderes políticos nacionais do momento até uma multidão composta de jovens que foram seus alunos na universidade. Alguns dirigentes, tanto de um quanto de outro setor, procuraram manipular a situação e me envolver politicamente com algum partido. Até mesmo o presidente Hugo Chávez citou, em um de seus discursos, meu apelo por paz como ponto de partida para qualquer ação.

O agressor da Praça Altamira, identificado como João de Gouveia, foi capturado durante o incidente. Tratava-se de um imigrante português nascido em Funchal, Madeira, em 19 de dezembro de 1964, que morava na Venezuela desde 1981 e ganhava a vida trabalhando como garçom e taxista.

O país ficou na expectativa do julgamento, que se prolongou de janeiro a julho de 2003. As opiniões eram fortemente divididas. Enquanto apoiadores da oposição garantiam que o assassino estava relacionado com o governo, a parte do regime dizia que se tratava de um matador contratado, pela oposição, para agravar o caos político e justificar uma segunda tentativa de destituição do poder. O presidente Chávez agravou a indignação ao declarar que Gouveia era um cidadão com direitos que deveriam ser respeitados.

Prestei declaração sobre o ocorrido para a polícia e para os fiscais. Nesse período, recebíamos ligações e ameaças anônimas. A situação nos obrigou a sermos mais cautelosos. Os exames psicológicos, aplicados em João de Gouveia, mostraram indícios de desequilíbrio mental. Finalmente, foi declarado culpado pelo crime de homicídio e condenado à pena máxima vigente na Venezuela. O caso foi encerrado, apesar das exigências de representantes da oposição para que a investigação continuasse até que fossem identificados os responsáveis por trás da mão que apertou o gatilho, os responsáveis intelectuais da chamada "Matança de Altamira".

A tragédia vivida quebrantou meus sentidos, levando-me ao esgotamento físico, emocional e mental. Eu estava exausto. Precisava de um tempo. Precisava processar o luto, que parecia estar congelado dentro de mim. Nos próximos capítulos, compartilharei a forma como trabalhei esse processo. Naquele momento, precisava urgentemente respirar outros ares.

Após uma breve estadia em Málaga, para visitar minha irmã mais velha e refletir sobre o acontecido, retomei minha vida em meio a uma aparente normalidade, continuei com minhas consultorias de recursos humanos e capacitação para empresas, dentro da Venezuela e no resto da América Latina, e me concentrei em minha sociedade na marca Café Olé Restaurante e Confeitaria.

Apesar de conservar um perfil discreto, os eventos de 2002 me marcariam para sempre.

MINHA INCURSÃO NO CONGLOMERADO DE BANCOS

Em um dos *workshops* que ministrei em 2006, dos Seminários Insight®, conheci Tomás Vásquez, ex-investidor de corretagem venezuelano e consultor financeiro de bancos. Ele me propôs, em abril de 2009, ser consultor da casa de corretagem Uno Valores Casa de Bolsa, em pleno processo de aquisição.

Minhas funções se concentrariam, exclusivamente, na avaliação de pessoal, na transição dos novos contratados e na criação de um novo organograma, além de revisar o funcionamento dos processos da organização e as estratégias a serem aplicadas pelo departamento de recursos humanos. Depois de cumprir esse trabalho, ofereceram-me o cargo de vice-presidente de planejamento da empresa Uno Valores.

Em julho de 2009, recebi uma proposta para o cargo de diretor suplente no Conselho Administrativo do Banco del Sol. Apesar de apresentar a documentação necessária, a Superintendência das Instituições do Setor de Bancos, SUDEBAN, órgão governamental que regula os bancos venezuelanos e o setor financeiro, negou aprovação à minha nomeação, embora, em nenhum momento, minhas responsabilidades abarcassem assinatura de documentos ou qualquer autoridade sobre os ativos financeiros e/ou área de créditos.

Em novembro daquele ano, dez instituições financeiras sofreram intervenção do governo, devido a supostas irregularidades. Solicitou-se a apreensão de, aproximadamente, 30 executivos e acionistas de bancos. Um dos primeiros banqueiros apontados foi Eligio Cedeño, que, desde 2007, já estava preso em virtude do caso MICROSTAR. Cedeño era um importante empresário e principal acionista do Banco Canarias, membro destacado da oposição, amigo pessoal de Tomás Vásquez e perseguido em virtude de suas opiniões contrárias ao governo de Hugo Chávez.

Cedeño também era acusado de colaborar com a fuga do líder sindical Carlos Ortega, acusado, pelo governo venezuelano, de conspiração e traição à pátria por, supostamente, participar da organização da greve geral e paralisação petroleira de 2002.

Eligio Cedeño e Tomás Vásquez seriam as duas pessoas-chave no meu futuro imediato. Era óbvio que o governo venezuelano colocaria obstáculos às transações financeiras de Vásquez, devido à sua proximidade com Eligio Cedeño, a quem apoiou durante seus quase três anos de prisão.

No começo de dezembro de 2009, decidi pedir demissão das minhas limitadas responsabilidades na Uno Valores, apesar de um fato, que ocorreria dias depois, que me vincularia para sempre aos acontecimentos que se seguiram. Em 10 de dezembro, acatando uma declaração da Organização das Nações Unidas, a juíza María Lourdes Afiuni deu ordem de soltura a Cedeño, por entender sua detenção como arbitrária. Um Hugo Chávez enfadado prendeu imediatamente a juíza Afiuni e, sem nenhum julgamento, como já era de costume nos processos judiciais do país, condenou-a à prisão sob acusações de traição e corrupção.

Poucos dias depois de ser libertado, Eligio Cedeño viajou para o exterior, em razão do medo de ser preso outra vez. Horas depois, de acordo com as informações de que a polícia da inteligência nacional o buscaria para interrogá-lo sobre o destino de Cedeño, Vásquez também saiu da Venezuela.

Finalmente, em 17 de dezembro de 2009, o governo interveio na Uno Valores. A data coincidiu com a minha partida para o México, onde eu tinha decidido passar o natal e refletir sobre a situação. Quando regressei à Venezuela, reuni-me com o interventor designado pelo governo venezuelano, Rafael Ramos, para esclarecer minha posição no meio desse choque de forças políticas e econômicas, área totalmente desvinculada de minhas atividades. Ingenuamente, eu acreditava que não tinha nada a temer, justamente por não ter autoridade no Banco del Sol e porque meu desempenho na empresa de corretagem estava estritamente ligado à área de planejamento, processos e gestão de recursos humanos.

Permaneci no país. Embora não tenha sido interrogado pelas autoridades no primeiro momento, os empregados, tanto da Uno Valores como do Banco del Sol, foram convocados um a um para interrogatórios. Este foi um alerta que eu não detectei a tempo.

Continuei vinculado, profissionalmente, a projetos para capacitação em outras organizações. Alguns meses depois, às 6:30 da manhã de 21 de maio de 2010, acordei com uma ligação. Do outro lado da linha, Tomás Vásquez, muitíssimo agitado, aconselhou-me a sair imediatamente da Venezuela. Ele tinha informações sobre ordens de prisão emitidas contra seis dirigentes do Banco del Sol, e mesmo sendo absolutamente inocente, meu nome estava entre essas ordens de prisão. Eu era o único que, naquele momento, permanecia no país.

Rapidamente, vesti um suéter, coloquei minha escova de dentes e o passaporte em uma mochila e saí de casa. Lembro-me de quando fechei a porta, fiz uma oração de proteção, um símbolo reiki de proteção e entreguei minha casa ao bem maior, confiando que, apesar de qualquer coisa que acontecesse, estaria bem. Uma parte minha sabia que passaria um bom tempo sem voltar a esse meu lar. Secretamente, Tomás Vásquez organizou minha saída do país no mesmo dia, nas escuras horas da noite, enquanto a polícia política tentava me localizar. As duas pessoas que me levaram ao lugar onde fui recolhido para sair da Venezuela informaram-me, em um telefonema no dia seguinte, que, poucos minutos de haver partido, a polícia política chegou ao local onde estive, para tentar me prender.

No momento em que escrevo estas linhas, nove anos depois, ainda não regressei ao meu país. Naquela mesma noite, saí da Venezuela com destino a Miami. Senti que o controle que exercia sobre a minha vida até aquele momento me escorria entre os dedos.

Na manhã seguinte, agentes do governo invadiram meu apartamento, e começou o processo de perseguição contra mim. No momento em que chegaram, minha mãe e minha irmã recolhiam algumas roupas e objetos pessoais para me enviar por um amigo. Elas estavam escondidas no apartamento, esperando para poder sair. Quando vivemos uma crise, os primeiros afetados são as pessoas mais próximas e que mais amamos!

Dias depois, realizaram a invasão formal, com uma ordem da promotoria, meu advogado comentou que os agentes policiais faziam piada, por acharem engraçado o fato de não encontrarem livros de contabilidade e finanças na minha biblioteca pessoal e, sim, livros de psicologia e recursos humanos.

A OPERAÇÃO DO FBI

Em Miami, entrei na chamada "paralisia por análise", em consequência da perda de toda a estrutura de controle da minha vida em menos de 24 horas. Passei a usar roupa emprestada e a viver da gentileza de amigos. Até que, em 2 de junho de 2010, fui embora para o México. Assumiria um projeto de trabalho e me refugiaria em um lugar onde sentisse uma proteção externa, ainda que a proteção "interna" continuasse ausente. O propósito seria recompor os fragmentos da minha vida e seguir em frente.

SUPER-RESILIENTE

Dei entrada em um processo legal para obter o visto de trabalho no México, permaneceria ali como *coach* executivo, consultor de planejamento, gestão e recursos humanos. A resiliência começou a surgir em cada momento negativo. Para não paralisar, eu me perguntava: qual é o meu próximo passo?

A tempestade começou a se formar. Fui acusado, pela Promotoria-geral Venezuelana, de ocupar cargo na associação com o objetivo de delinquir, além de apropriação indébita de fundos públicos, ou peculato, e de operar no câmbio clandestino. Ao meu advogado, foi negado o pedido de vistas ao processo, uma ação absolutamente legal, constante na Constituição e no Código Penal venezuelano. Por intermédio dele, perguntaram se eu estava disposto a depor contra Tomás Vásquez. Caso aceitasse a proposta, retirariam as acusações contra mim e eu poderia regressar à Venezuela, além de receber uma compensação financeira. Recusei.

Nessas alturas dos acontecimentos, e sem que eu soubesse, Tomás Vásquez denunciou, ao FBI, a tentativa de extorsão, feita pelo interventor da corretora Uno Valores. O objetivo era desmascarar altos funcionários do conglomerado bancário venezuelano, entre eles, o próprio interventor, o já mencionado Rafael Ramos, e o superintendente de bancos, que havia pedido US$ 2,5 milhões em troca de retirar as acusações contra ele, Tomás Vásques, e emitir um relatório financeiro favorável sobre a corretora.

Como parte da investigação, o FBI gravou as conversas entre ambas partes. A operação foi um sucesso, e, em dezembro de 2010, Rafael Ramos foi preso pelo FBI por corrupção, extorsão e lavagem de dinheiro (Tomás Sánchez, superintendente nacional de Valores da Venezuela, evitou a prisão cancelando sua viagem na última hora).

A operação foi notícia de primeira página na imprensa internacional e qualificada pelo regime venezuelano como campanha de descrédito organizada pelo governo dos Estados Unidos. O presidente Hugo Chávez soltaria seus demônios: na semana da detenção de Ramos, o Supremo Tribunal de Justiça — que na data participava do sequestro institucional implantado pelo regime chavista — aprovou, com a velocidade da luz, uma solicitação de extradição, para os EUA e para o México, onde constava o nome de Tomás Vásquez e de vários membros do Banco del Sol e da Uno Valores. Eu estava incluído.

O ALERTA VERMELHO DA INTERPOL

Por solicitação do governo da Venezuela, em 24 de agosto de 2010, a Interpol emitiu um Alerta Vermelho em nome de Tomás e de vários funcionários da Uno Valores. Meu nome fez parte da caça. Meu advogado nunca foi notificado da solicitação de extradição ou da ordem de prisão que respaldava a solicitação da Interpol, o que violava abertamente os princípios básicos do devido processo legal.

Os fiscais venezuelanos fecharam todas as linhas de comunicação. Só informaram ao meu advogado que o caso estava sendo conduzido pelo próprio presidente Chávez. Fui aconselhado a esconder-me e preparar minha defesa ali mesmo, no México. Essa situação impediu-me de dar seguimento ao processo de solicitação do visto de trabalho naquele país. Através do amigo Alejandro Aguirre, entrei em contato, várias vezes, com o advogado mexicano Diego Ruiz Durán, membro do escritório Nassar, Nassar e Associados. Aconselhado por Miguel Nassar Daw, especialista em criminologia e direito penal, recebi a assessoria para enfrentar a situação.

Retornar à Venezuela significava ser detido, injusta e indefinidamente, sem direito à defesa, perante um tribunal mancomunado com o governo venezuelano. Nenhum juiz decidiria em meu favor. Até minha vida estaria em perigo. Em novembro daquele ano, voltaram a me oferecer um "acordo": depor contra Tomás Vásquez, em troca da possibilidade de voltar à Venezuela e de retirarem as acusações feitas contra mim. Novamente recusei.

SUPER-RESILIENTE

Procurado pela Interpol, Tomás Vásquez, junto com seus advogados, planejou e organizou meu traslado do México para os EUA. Um advogado foi enviado à Cidade do México para me entrevistar e fez um relatório do meu caso. Este relatório foi apresentado ao fiscal federal Dick Gregory. Posteriormente, os escritórios da Interpol em Washington, D.C., e o FBI foram notificados do meu futuro traslado. Em 23 de dezembro de 2010, saí do México em um avião particular, de Eligio Cedeño, junto com um advogado que me acompanharia até ingressar nos EUA. Cheguei ao aeroporto executivo de Ft. Lauderdale naquela noite⋯ Nas próximas páginas, explicarei parte do que chamo de "o universo sempre conspira quando algo está fora de suas mãos".

Em 29 de março de 2011, pedi asilo ao governo dos Estados Unidos. Meu propósito era retomar minhas atividades como *coach* e consultor. Não foi fácil. Houve pessoas que se negaram a contratar meus serviços; depois de consultar a internet, descobriam de imediato a solicitação da Interpol. Aqueles que desconheciam os detalhes, tinham uma percepção errada a meu respeito. O estigma me perseguiu por muito tempo. Outras pessoas, que pensei que me apoiariam, distanciaram, talvez pensando, de uma forma "um pouco ridícula", que minha situação poderia afetá-los. Mas, como sempre, apareceram alguns "anjos" que mostraram confiar em mim e me deram a oportunidade de servir suas organizações com o meu talento.

ENSINAMENTOS DA TORMENTA

Os episódios que narrei até aqui, e os que serão relatados, estão carregados de dor, tristeza e frustração, mas também de aprendizados, de apoio de pessoas maravilhosas e de reflexões que realinharam o sentido de minha vida. Estou convencido de que criei, provoquei e, inclusive, permiti o que aconteceu. Talvez não em um nível consciente, em alguns casos, mas em parte fui responsável.

MEU MUNDO DESFEITO EM PEDAÇOS

Da mesma forma que assumo esta responsabilidade, desejo que o leitor deste livro assuma a responsabilidade de sua história e de sua crise. Mas não como vítima, presa na negatividade, a fim de despertar pena e compaixão ou alimentar uma falsa "humildade", mas para mudar sua atitude, para ser neutro, ou positivo, e partir para a ação.

Aqui é quando entram no jogo as infinitas benesses da resiliência. Minha intenção é descrever como as ferramentas da resiliência me ajudaram a enfrentar uma longa crise, que me derrubou muitas vezes. Durante essas provas difíceis, começamos a buscar respostas dentro e fora de nós mesmos. O enfrentamento da adversidade propicia um ponto de referência que fortalece e cria resiliência. Ela surge dentro de nós nos piores momentos.

Nessa longa viagem, que já se estende por vários anos, descobri quais eram meus verdadeiros amigos e os que não eram. Conheci minhas maiores fragilidades, mas também as fortalezas, e a estas me aferrei. Confrontei-me para eliminar o que me sobrava e me consumia para, liberado da carga residual, que era como um fardo em minha vida, ficar com o que realmente importa. A partir daí, tomei a decisão de compilar, neste livro, meus conhecimentos como ser humano, como *coach* e como protagonista de uma experiência desafiadora, para que, assim como fiz, você saiba que em suas mãos também está a possibilidade de se sobrepor à tempestade. Use este guia como um trampolim.

Não é um caminho fácil, mas, sim, é possível. No meu caso, levou anos de reflexão, meditação, dando pequenos passos e amadurecendo os aprendizados extraídos das experiências desafortunadas.

Nossa história pessoal demonstra que cada um de nós guarda dentro de si as habilidades para alcançar a resiliência.

A ideia impressa neste livro é a de ter consciência e descobrir essas ferramentas e processos pessoais que permitam superar as crises, perdas e calamidades, para sair da tormenta mais livres e sábios. E isso significa superar-nos como seres humanos resilientes.

CAPÍTULO 02

Da crise à oportunidade: resiliência

O que é a resiliência e como ela nos ajuda a ficar em pé diante das adversidades? Quais são as características das pessoas resilientes? Todos nós podemos ser assim? Saber do que se trata é o primeiro passo para nos assumirmos resilientes.

> "Não desperdice sua energia buscando um 'porquê'. Enfoque-se em 'para que', e as respostas te elevarão". – **ISMAEL CALA**

PERGUNTE-SE:

- Eu acredito que possuo os recursos internos necessários para enfrentar as crises?
- Já superei situações difíceis no passado? Lembro-me de como me recuperei dessas situações?
- Obtive benefícios de uma situação conflituosa já superada?
- Ante uma crise, em qual grupo me localizo neste momento?
- Sofro, posteriormente, as marcas resultantes da situação?
- Conservo as emoções daquele momento?
- Eu me recupero da situação e aprendo?
- Eu assumo as dificuldades como uma oportunidade para aprender?

SUPER-RESILIENTE

Sofri grandes perdas em minha vida. A primeira morte de um ser querido foi uma experiência extremamente dolorosa. Chorei por dois dias quando soube que Alex Padilla, quem conduziu parte dos meus primeiros passos nos Seminários Insight®, tinha falecido em um acidente aéreo. Logo depois, inesperadamente, muitas pessoas, que foram um ponto de referência para mim, também partiram.

Meu pai foi assassinado naquela tarde de dezembro de 2002. Minha avó materna, Bertha, morreu em 2001 e minha avó paterna, Adalia, em 2012. Miguel Roldán, um de meus mentores e presidente emérito do TISOC, faleceu no ano de 2012. Meu padrasto, Ciro Sosa, morreu de um câncer de fígado naquele mesmo ano. Pouco tempo depois, Flávio Guaraní, um amigo querido que morava no Brasil e a quem eu admirava enormemente, morreu em uma prática de mergulho. John Roger, fundador dos Seminários Insight®, faleceu em 2014. E, finalmente, Henry Pazos, um médico homeopata que eu admirava muito, faleceu de problemas pulmonares em 2018.

Quando se está longe e as pessoas importantes em sua vida transcendem, criam-se um vazio afetivo e uma dor que geram o processo de luto. O luto é uma crise. Como lidei com situações tão desafiadoras? Como enfrentei as emoções e os pensamentos negativos que tive nos momentos de perda irrecuperável? De que maneira assumi a dor? Estas são só algumas das muitas perguntas que as pessoas se fazem quando atravessam situações extremas. E confesso aqui: no momento em que experimentei muitas dessas perdas, eu também não tinha as respostas à mão. Ao menos não todas. O caminho para encontrá-las foi desafiador.

O que é uma crise?

Todos nós defrontamos crises de diferentes origens e intensidades. Estamos constantemente expostos a circunstâncias adversas, seja perder um ser amado, fracasso nos negócios ou na empresa, perda do emprego, perda de algum bem valioso, sermos traídos por uma pessoa em quem depositávamos nossa confiança ou mudarmos de país. Eu vivi todas essas calamidades no período de um ano.

A primeira definição que o *Dicionário da Real Academia Espanhola* oferece ao conceito de crise é: "Mudança profunda e com consequências importantes em um processo ou situação, ou na forma como estes são avaliados". Essa primeira definição de crise nos fala de mudança e consequências, mas também se relaciona com a forma como cada um de nós assume os conflitos.

Nem todas as crises são iguais. O impacto recebido não tem muito a ver com o evento em si, e sim com a maneira como cada pessoa as assume. Revisemos os três elementos que influenciam poderosamente o momento de sentir com mais ou menos força o impacto de uma crise: a carga emocional, a imprevisibilidade do evento e a naturalidade, ou não, com que se assume o evento.

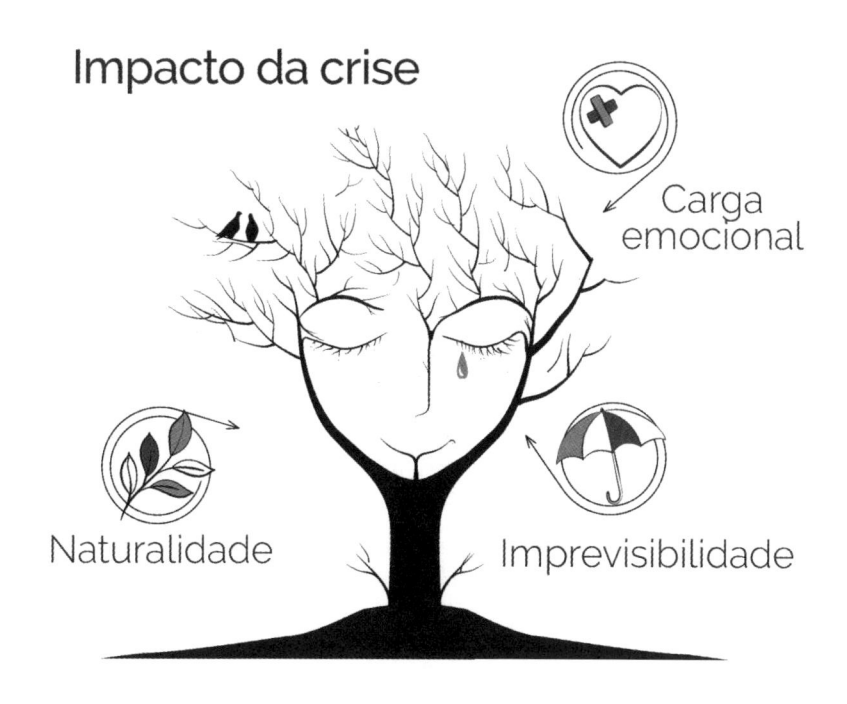

Impacto da crise

- Carga emocional
- Naturalidade
- Imprevisibilidade

Carga emocional

Em primeiro lugar, a intensidade de uma crise dependerá do peso emocional que imprimirmos à situação adversa. Se a carga emocional for muito intensa, o tempo de recuperação será maior. Ou seja, a duração do tempo para se recuperar é diretamente proporcional à carga emocional que se imprime à crise.

A carga emocional advém de nossas crenças e julgamentos. Por exemplo, as pessoas que acreditam em reencarnação ou confiam na frase do escritor russo Leon Tolstói, "A morte nada mais é que uma mudança de missão", terão mais facilidade para assimilar a transcendência da morte. Esse exemplo explica como as cargas emocionais partem da nossa mente para moldar a atitude com que enfrentamos determinado evento.

Imprevisibilidade

Se a crise chega de surpresa, o tempo de recuperação será maior, por se tratar de acontecimento não cogitado. Por exemplo, na noite anterior à minha fuga da Venezuela, eu estava em um lugar, tomando umas bebidas em companhia de amigos. A inesperada ordem policial, a mim dirigida, foi totalmente desconcertante, porque jamais esperei que algo assim pudesse acontecer.

Costumamos viver no *modo piloto automático*, uma rotina de pensamentos e emoções repetidas que geram ações e respostas automáticas··· até que aconteçam os imprevistos que nos tiram da zona de conforto. Quando isso acontece, não nos resta alternativa senão desativar o piloto automático e assumir o controle.

DA CRISE À OPORTUNIDADE: RESILIÊNCIA

Naturalidade

Um terceiro fator que influencia o processo de compreensão de uma crise é acreditarmos ou não que essa crise faz parte da ordem da vida. Se pensamos que a morte, por exemplo, faz parte do ciclo natural da existência, claro que vai doer quando alguém que nos seja próximo falecer, mas nossa forma de digerir essa perda será diferente, será melhor.

DA CRISE À OPORTUNIDADE

Pode não parecer para quem está atravessando a situação no momento, mas toda crise tem seu lado esperançoso. O ideograma chinês que representa a crise também simboliza o conceito da oportunidade, basta girá-lo. Para os chineses, cada crise contém a oportunidade de solucionar a situação. A crise é uma oportunidade para encontrar soluções.

危机 — Crise

机会 — Oportunidade

Agora, o que é uma oportunidade? A definição que o *Dicionário da Real Academia Espanhola* oferece é:

"Momento, ou circunstância, oportuno e conveniente para algo".

Assim, a oportunidade é a sequela natural da crise, sua outra cara, o passo lógico que é dado depois da adversidade.

SUPER-RESILIENTE

> "Só em momentos de crise surgem as grandes mentes". – **ALBERT EINSTEIN**

É possível perder o equilíbrio emocional diante de uma situação negativa, que fiquemos paralisados e até duvidemos da nossa habilidade natural de recuperação. Mas se soubermos olhar dentro de nós, poderemos reagir e levantar, pois a crise vem acompanhada de ferramentas pessoais para sair dela. São essas situações infelizes que nos convencem a sermos capazes de nos desafiar e superar. Daí, a confirmação do ditado popular: "Somos feitos sob medida para as nossas dificuldades".

O propósito, nestas primeiras linhas, é reconhecer e entregar a si mesmo a seguinte mensagem: "Isto que está diante de mim é a crise. E eu conseguirei lidar com ela". Se não tivesse se recuperado de uma forte crise ocorrida no passado, você não estaria lendo estas linhas nem demonstraria interesse algum pelos benefícios da resiliência.

Depois da tragédia, voltamos à rotina com um olhar diferente, continuamos trabalhando, assumimos novos hábitos, surgem novas amizades, outro amor… a vida continua. Afinal, continuamos aqui e continuaremos, porque ressurgimos, ou renascemos. Continuamos aqui, porque nos recuperamos. Porque somos resilientes.

O QUE É RESILIÊNCIA?

A resiliência desempenha importante papel para transformar a crise em oportunidade. Antes de aprofundar nesse processo, vejamos primeiro do que se trata. Etimologicamente, a palavra vem do latim *resalirentia*, que poderia ser traduzida para: "qualidade daquilo que recupera seu estado original".

DA CRISE À OPORTUNIDADE: RESILIÊNCIA

A resiliência é um processo dinâmico que reflete a capacidade que os seres humanos têm para enfrentar e superar os momentos críticos, desafiadores e inesperados, adaptando, adquirindo consciência e habilidade para corrigir uma ação.

A mola é um ótimo exemplo para explicar esse conceito. Se pegarmos a mola e, por alguns instantes, exercermos pressão sobre ela para depois soltá-la, esse mecanismo recuperará a forma original, pois já não sofre a pressão da força aplicada.

Por isso, o termo resiliência é muito utilizado no campo da engenharia: é a habilidade que um material, mecanismo ou sistema tem de recuperar seu estado inicial depois de passar pela perturbação à qual foi submetido. Por isso se fala de edificações "tsunamirresistentes", ou "tsunamirresilientes", quando essas construções são resistentes ao furioso impacto de um tsunami.

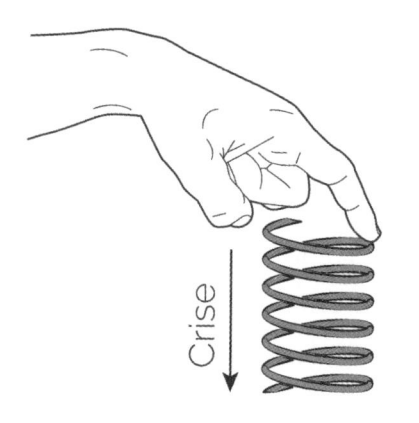

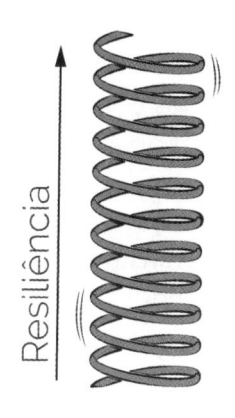

Assim como a mola, nós, seres humanos, atravessamos experiências dolorosas que nos comprimem. Se tivermos consciência da experiência vivida durante esse período de pressão, em nossa essência ficará a marca da crise e da forma como nos esticamos e recuperamos. Nós, humanos, no final, não recuperamos exatamente a forma original: acontecem uma tomada de consciência e uma aprendizagem que não possuíamos antes da crise.

SUPER-RESILIENTE

O PODER ESTÁ EM TODOS

Em meados da década de 40 do século passado, o fundador da logoterapia, neurologista e psiquiatra austríaco Viktor Frankl, depois de sobreviver aos campos de concentração nazistas de Auschwitz e Dachau, escreveu o famoso livro *O homem em busca de sentido*, no qual relata como obteve resiliência a partir do sofrimento compartilhado com aqueles que passaram pelos terríveis campos de extermínio.

Três décadas depois, o psiquiatra britânico Michael Rutter introduziu o conceito de resiliência na psicologia. Foi definida como a capacidade dos seres humanos de enfrentarem a adversidade e saírem dela. Não obstante, os primeiros estudos sobre a resiliência enfocavam as características das pessoas que enfrentam as perdas com sucesso, em contraste com aquelas que sucumbem diante delas.

Foi Edith Grotberg, professora adjunta do Instituto de Iniciativas de Saúde Mental da Universidade de George Washington, Estados Unidos, quem, na década de 90, deu um passo além e, graças ao Projeto Internacional de Pesquisa de Resiliência, que se estendeu a 27 lugares em todo planeta, demonstrou que a promoção e o uso da resiliência é possível em todas as pessoas que transitam por situações críticas. Edith Grotberg confirmou que todos nós podemos ser resilientes.

A psicologia clássica fala de "capacidade de recuperação", enquanto a psicologia positiva se refere ao "poder de recuperação". A diferença está na frase "poder de recuperação" — esta reconhece que possuímos essa habilidade internamente. De qualquer forma, e tal como afirmam diversos autores, para ser resiliente, deve-se obter uma aprendizagem das experiências do passado, com o objetivo de evitar a repetição de erros, bem como não experimentar os mesmos níveis de dor, caso aconteça situação semelhante no futuro.

DA CRISE À OPORTUNIDADE: RESILIÊNCIA

NASCE OU SE FAZ?

Nascemos resilientes? A resiliência não é uma qualidade nata nem está impressa em nossos genes, ainda que possa se apoiar em certa tendência genética, na predisposição para mostrar caráter frente aos problemas. Em todo caso, estudos do campo da neurociência mostram que a resiliência se manifesta não apenas na psique, mas também no campo neurofisiológico e endócrino.

Segundo essas pesquisas, passar por uma situação traumática ativa diferentes áreas do cérebro, como a amígdala, que é o hipocampo e o neocortex. Os estímulos ambientais negativos geram diferentes respostas físicas que levam as pessoas resilientes a mostrarem maior equilíbrio emocional frente às situações de pressão, enquanto outras sucumbem ante situações semelhantes.

Apesar de serem necessários estudos que confirmem ou não a predisposição genética ou biológica que leva uma pessoa a ser mais ou menos resiliente, demonstrou-se que existem pessoas geneticamente mais inclinadas à tristeza que outras. Entretanto, o fator "aprendizagem" é importante. Também aprendemos a nos sentirmos incapazes. As lembranças de situações nas quais não tivemos sucesso reforçam a convicção de que não somos capazes.

Entretanto, um ensino que devemos gravar a ferro e fogo é que, indiferente ao elemento genético, a resiliência é uma habilidade que todos podem desenvolver ao longo da vida: estudos realizados pela Associação de Psicologia Americana mostram que a resiliência é comum, e não extraordinária. Ou seja, as pessoas normalmente demonstram resiliência diante da adversidade.

A resiliência também é um traço não apenas individual, mas pode envolver todo um grupo populacional. O psiquiatra e articulista de imprensa José Abelardo Posada, como diretor, para a América Latina, da Associação Mundial de Psiquiatria, afirma que "junto ao coeficiente intelectual e ao coeficiente emocional, surge agora o coeficiente da adversidade ou a capacidade que a pessoa, grupos e comunidades têm para superar a adversidade e sair triunfantes". Exemplo disso é a reação da população norte-americana aos ataques terroristas de 11 de setembro de 2001 e seus esforços individuais e grupais para reconstruírem suas vidas.

> "Em tempos de crise, alguns choram. Outros vendem lenços". – **ANÔNIMO**

PARA UMA LONGA VIDA

A resiliência se fortalece à medida que a idade avança. Por quê? Segundo Adam Grants, professor de administração e psicologia da Universidade da Pensilvânia, com o passar dos anos, o acúmulo de experiências facilita a capacidade de lidar com o estresse e regular as emoções, o que oferece uma vantagem às pessoas mais idosas em comparação aos mais jovens. É o que chamamos de experiência, não velhice. Contudo, um fenômeno interessante acontece atualmente: os jovens da geração *millennial* demonstram habilidade resiliente, criatividade e espontaneidade que são impulsionadas pela globalização.

A resiliência ajuda a viver mais e melhor. Em 2017, foi realizado um estudo pela Escola de Medicina da Universidade da Califórnia, em San Diego, em conjunto com a Universidade de Roma La Sapienza. Esse estudo se concentrou na saúde física e mental dos habitantes da região de Cilento, no sul da Itália, com idades entre 90 e 101 anos. Essa região é conhecida pela longevidade de suas comunidades, e o estudo mostra dados reveladores.

As pesquisas anteriores sobre a longevidade se concentravam na genética, na dieta e na atividade física das populações analisadas. O estudo dos habitantes de Cilento abordou, pela primeira vez, os traços da resiliência. "Essas pessoas passaram por depressões, tiveram que migrar, perderam seus seres queridos (...). Para poder seguir adiante, tiveram que aceitar e se recuperar daquilo que não podiam mudar, mas também, lutar pelo que poderiam", descreveu Dilip V. Jeste, professor de psiquiatria e

DA CRISE À OPORTUNIDADE: RESILIÊNCIA

neurociência da Universidade da Califórnia, em San Diego, que também dirigiu a pesquisa mencionada.

Um dos idosos que participou do estudo contou que a esposa, com quem ficou casado durante quase 65 anos, tinha falecido havia um mês. "Mas, graças aos meus filhos, estou me recuperando e me sentindo melhor. Lutei durante toda minha vida e sempre estou preparado para as mudanças. As mudanças trazem vida e dão a oportunidade de crescer. Sempre penso o melhor. Sempre existe uma solução. É o que meu pai me ensinou: enfrente as dificuldades e espere o melhor", comentou o idoso com os pesquisadores. Eles concluíram que esses traços da personalidade dão um propósito à vida, inclusive em idade avançada.

"Vimos que as questões relacionadas à felicidade ou à satisfação com a vida aumentaram, enquanto os níveis de estresse e depressão reduziram, o que mostra que determinados atributos são muito importantes — como a resiliência, o forte apoio social, o compromisso e a confiança em si mesmo", explicou o diretor do estudo.

Apesar dos muitos benefícios da resiliência, as pessoas continuam focando o problema, e não a solução. As tendências de busca, que mostra o Google Trends, nos últimos anos, revela que a palavra resiliência teve um crescimento de quase 3,5 vezes. Entretanto, ao comparar as buscas, em inglês, dos termos *resilience* e *crisis*, a palavra *crisis* é 12 vezes mais procurada que o termo *resilience*. Ao comparar as tendências de busca desses mesmos termos em espanhol, a palavra *crisis* é 21 vezes mais procurada que a palavra *resiliencia*.

Isso explica por que a maioria das pessoas procura soluções propondo o problema, e não as alternativas que dão resposta ao conflito. Parte do propósito deste livro e inverter essa tendência.

FLEXIBILIDADE, ADAPTABILIDADE E FORTALEZA

O poder da resiliência, para enfrentar situações desafiadoras apoia-se em três pilares: flexibilidade, adaptabilidade e fortaleza. Todas as definições de resiliência levam ao entendimento de que o controle desses três atributos pode transformar as crises em oportunidades.

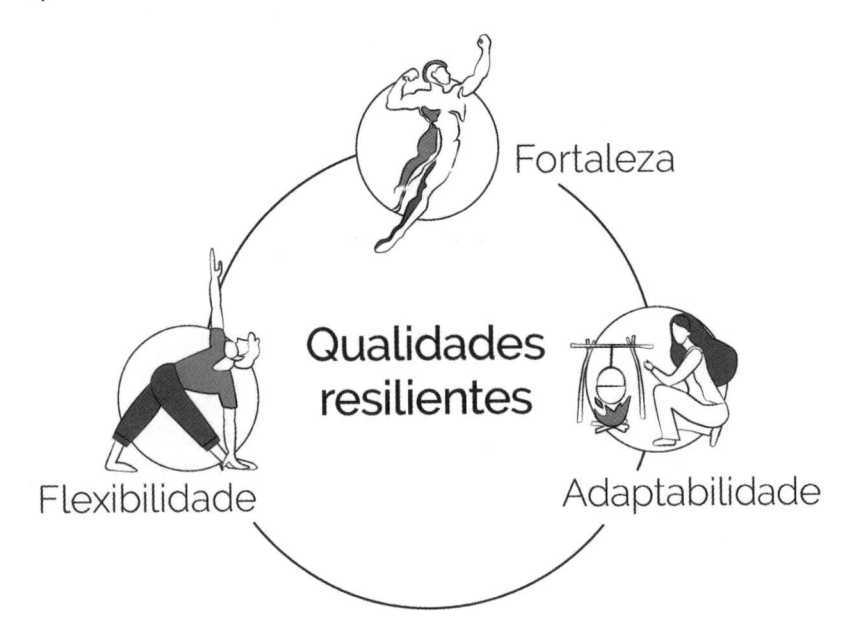

Flexibilidade

Aqueles que falam em resiliência, costumam mencionar o bambu, uma planta flexível, forte e adaptável às diferentes mudanças do ambiente. É provável que um vento forte derrube uma árvore de tronco rígido, mas não será assim com um tronco de bambu manejável, maleável, capaz de se moldar aos ataques de um vendaval. O mesmo acontece com os seres humanos.

Antes de crescer, durante seus primeiros cinco a seis anos, essa planta desenvolve primeiro as raízes e depois o caule. Utilizando como metáfora, para sermos resilientes, necessitamos formar primeiro raízes fortes e sólidas. Essa flexibilidade nos permite nos movermos com o que acontece e fluir com o presente. Trata-se de uma habilidade-chave para entender o que é crise e oportunidade: ser flexível é aceitar que somos parte de uma dinâmica da vida. Que é necessário cooperar e fluir com o presente, para nos sobrepormos e continuarmos crescendo sob o sol, resilientes como o bambu.

Adaptabilidade

Adaptar-se à nova circunstância, durante ou depois de uma crise, permite tomar as providências necessárias. E conscientizando-se de que o poder de alterar sua realidade está em suas mãos, já é meio caminho para transformá-la.

Por exemplo, quando saí do México e fui para os Estados Unidos, depois que a Interpol retirou meu nome do Alerta Vermelho, já havia perdido muitas oportunidades de trabalho e parte do meu patrimônio, devido ao ocorrido que provocou minha saída da Venezuela. Tive que mudar o método de controlar meu orçamento e experimentar o mundo *online*, para desenvolver minhas sessões de *coaching*, consultoria e *mentoring*. Isto é, tive que adaptar-me a novas ferramentas. Essa adaptabilidade exigiu minha ação, para criar uma nova realidade, tanto dentro quanto fora de mim.

Fortaleza

Fortaleza não é rigidez nem firmeza. É reconhecer que a força para superar a situação está dentro de você. Enquanto a adaptabilidade leva ao entendimento e conscientização da realidade, a fortaleza permite reconhecer que, por dentro, você detém o poder de transformá-la.

SUPER-RESILIENTE

> "A fortaleza está na alma e no espírito, não nos músculos". – **ALEX KARRAS**

Vamos imaginar como esses três atributos operam na mente de um indivíduo:

- **Flexibilidade:** "Sou flexível... embora, às vezes, mostre certa rigidez e costume confundir esse comportamento com disciplina".
- **Adaptabilidade:** "Resistência à mudança? Acredito que não... ainda que esteja há mais de dez anos no mesmo emprego do qual não gosto".
- **Fortaleza:** "Gosto de me desafiar e sou constante, até conseguir o que quero".

Das três qualidades, esse sujeito imaginário, a quem atribuímos certos pensamentos, precisa se ocupar em desenvolver a flexibilidade e a adaptabilidade. Ele é muito apegado à sua zona de conforto, esse espaço repleto de situações que acreditamos estar sob nosso controle.

O público que participou de diferentes *workshops* que facilitei identifica-se mais com a adaptabilidade como elemento a ser desenvolvido. É razoável: todos nos sentimos confortáveis no aconchego do sofá de nossas certezas e gostamos de manter o controle dessas situações que parecem imóveis, mas quando uma mudança se apresenta, é difícil nos adaptarmos às novas circunstâncias.

QUALIDADES DA PESSOA RESILIENTE

Ainda que todos nós possamos desenvolver a resiliência, esta prática não é tão comum quanto deveria ser. Um estudo realizado com 254 alunos de Psicologia da Universitat Autònoma de Barcelona, Espanha, publicado na revista *Behavioral Psychology*, mostra que as pessoas costumam manifestar três tipos de reações diante da crise:

Sofrem as consequências da crise a vida toda

A maioria supera e a intensidade das emoções negativas determina o tempo de recuperação.

Para um terceiro grupo de pessoas, composto de 20% do total de participantes, atravessar um trauma resultou em crescimento pessoal. Elas se fortaleceram e conquistaram maior domínio sobre as emoções.

Como fazer parte desse terceiro grupo? Já dissemos que todos nós podemos ser resilientes. Mas não se trata de uma característica única, que as pessoas têm ou não: a resiliência envolve condutas, pensamentos e ações que podem ser aprendidas e desenvolvidas. Na literatura da psicologia, existe um consenso sobre os seguintes comportamentos e as atitudes que definem uma pessoa resiliente:

São conscientes de suas fortalezas e limitações

O autoconhecimento é uma arma muito poderosa para enfrentar os desafios. As pessoas resilientes conhecem suas principais fortalezas e habilidades, bem como as suas limitações e defeitos. Assim sendo, traçam metas objetivas a partir dos recursos disponíveis para alcançar o desejado.

São criativas

Diante das dificuldades, pensam "fora da caixa", para encontrar soluções criativas. A pessoa com alta capacidade de resiliência não tentará colar o vaso quebrado, porque sabe que esse vaso já não voltará a ser o mesmo. O resiliente fará um mosaico desses cacos e transformará a experiência vivida em algo novo, belo e útil. Torna precioso aquilo que é vil.

Confiam em suas capacidades

Ao se conscientizarem de suas potencialidades e limitações, as pessoas resilientes confiam em sua capacidade de fazer. Se tem uma coisa que as caracteriza, esta é a de não perderem de vista seus objetivos e se sentem seguras do que podem alcançar. Entretanto, também reconhecem a importância do trabalho em equipe e não se fecham em si mesmas.

Aprendem com as dificuldades

As pessoas resilientes são capazes de enxergar além das situações dolorosas e assumem as crises como uma oportunidade para gerar mudanças, para aprender e crescer. Sabem que as épocas críticas não são eternas e que o futuro dependerá da forma como reagem. Quando enfrentam um contratempo, perguntam a si mesmas: o que posso aprender disso? A partir desse aprendizado, saberão o que fazer, ou não, na próxima ocasião em que enfrentarem uma situação parecida.

Também existem indivíduos que, por escutar ou observar outras pessoas, aprendem com os erros alheios. Entretanto, um segundo grupo precisa sentir, na própria pele, a experiência dolorosa para aprender. Os dois caminhos são igualmente válidos, contanto que se aprenda.

Praticam *mindfulness*, ou atenção plena

Mesmo sem serem conscientes dessa prática milenar, sobre a qual nos aprofundaremos mais adiante, as pessoas resilientes vivem no aqui e no agora, sem ansiedade pelo futuro nem depressão pelo passado. Viver o momento traz clareza ao pensamento e permite tomar melhores decisões.

Para essas pessoas, o passado faz parte do ontem e não é uma fonte de culpa e transbordamentos, enquanto que o futuro não as incomoda com sua cota de incerteza e preocupações. São capazes de aceitar as experiências da forma como aparecem e tentam tirar o maior proveito delas. Desfrutam dos detalhes e não perdem a capacidade de se surpreender com a vida.

Observam a vida com objetividade e otimismo

Estar consciente de que nada é completamente positivo nem negativo permite manter o foco em aspectos positivos e desfrutar dos desafios. Essas pessoas desenvolvem um otimismo realista, também chamado de "optimalismo", e estão convencidas de que, por mais obscura que seja a jornada, o dia seguinte pode ser melhor.

Por isso são requisitadas a animar e reconfortar outras pessoas. Seu nível de energia é alto e canalizado para a solução. Seu lema é: "Até os dias ruins deixam alguma coisa boa". As pessoas resilientes mudam o paradigma de: "Às vezes se ganha, às vezes se perde" para: "Às vezes se ganha, às vezes se aprende".

Rodeiam-se de pessoas positivas

Sabem cultivar amizades e mantêm o contato com pessoas entusiasmadas, evitando, a todo custo, aqueles que agem como vampiros emocionais. Dessa forma, criam uma sólida rede de apoio para se sustentarem nas horas difíceis. Quando passam por um acontecimento potencialmente traumático, seu primeiro objetivo é superá-lo: para isso, são conscientes da importância do apoio social e, em casos extremos, não hesitam em buscar ajuda profissional.

Não tentam controlar tudo

Uma das principais fontes de tensão e estresse é o desejo de controlar todos os aspectos da vida. Esta é a razão de nos sentimos culpados e inseguros quando algo escapa ao nosso controle. Entretanto, as pessoas resilientes sabem que é impossível dominar todas as situações, aprendem a lidar com a incerteza e se sentem confortáveis, mesmo sem ter pleno controle do que esteja acontecendo com elas.

São flexíveis ante as mudanças

Apesar de os indivíduos resilientes terem uma imagem definida de si mesmos e saberem o que querem alcançar, também são flexíveis para adaptar seus planos e modificar suas metas quando for necessário. Não se fecham à mudança e estão dispostos a valorizar diferentes alternativas, sem se apegarem obsessivamente às suas aspirações iniciais ou a uma única solução.

São tenazes

O fato de serem flexíveis não implica renúncia às suas metas; ao contrário, se existe algo que as diferencia é a perseverança e a capacidade de luta. A diferença é que não lutam contra moinhos de vento, mas aproveitam o sentido da corrente e fluem com ela.

DA CRISE À OPORTUNIDADE: RESILIÊNCIA

> "Com constância e tenacidade obtém-se o que se deseja". – **NAPOLEÃO BONAPARTE**

Enfrentam a adversidade com humor

As pessoas resilientes são capazes de rir das tribulações e fazer uma piada com os infortúnios. O riso é seu melhor aliado, porque lhes permite manter o otimismo e a concentração nos aspectos benéficos das condições adversas.

Solucionam as crises com empatia

A empatia é a capacidade de perceber, compartilhar e compreender o que o outro está sentindo — razão pela qual as pessoas resilientes encontram alternativas sem esquecerem como estas afetam aos demais. Descartam as posturas de vítima e as ações impulsionadas por rancor ou egoísmo, para obterem o melhor para todos.

São equilibradas na vida

Uma planta necessita de água, luz solar, terra fértil e um clima favorável para crescer. Nossa vida também se nutre de diferentes áreas, que se reforçam entre si para alcançar o equilíbrio: nem muita água, que apodreça as raízes, nem pouca, para que não sequem as folhas. Assim, as pessoas resilientes têm uma existência equilibrada entre trabalho, estudos, família e lazer. Não são viciadas no trabalho nem desocupadas todas as horas do dia. Entendem que cada faceta é igualmente importante.

SUPER-RESILIENTE

AS MARCAS DA INFÂNCIA

Se todos nós podemos ser resilientes, por que algumas pessoas demonstram isso mais que outras? Os primeiros anos de formação trazem a chave para responder a esta pergunta: os atributos requeridos, durante o crescimento, escrevem o roteiro de como, já adultos, assumiremos os momentos de pressão.

Um recém-nascido começa a criar sua personalidade com base na segurança transmitida pelos pais. Uma relação de proteção e afeto forma os alicerces para desenvolver a resiliência. Ao contrário, muitos estudos demonstram que meninos e meninas que, durante os primeiros anos de vida, experimentaram condições traumáticas, falta de carinho e de cuidados, quando adultos, apresentam uma vulnerabilidade afetiva na relação consigo mesmos e com as pessoas que os rodeiam.

Se, quando pequenos, não tiverem um cuidador presente ou forem rejeitados e abandonados, à medida que crescerem, serão mais sensíveis. Cria-se assim uma personalidade sustentada sobre pilares frágeis, o que prejudicará a capacidade de criar resiliência. Também, se os pais não tiverem iniciativa para recuperarem após uma calamidade, seus filhos serão carentes de referência de um comportamento adequado na vida adulta e tendem a repetir o padrão e assumir a crise como um evento negativo.

Não obstante, quando a criança cresce, pode desenvolver vínculos que reparam tais deficiências, como é o caso dos adolescentes e adultos que cultivam amizades enriquecedoras, que preenchem esse vazio e a sensação de se estar fracionado.

Apesar de a resiliência estar relacionada a situações que, aparentemente, não têm nada em comum entre si, como privação econômica, divórcio, desastres naturais e maus tratos, os estudos realizados por Peter Fonagy, psicanalista inglês e professor de psicologia da University College London (UCL), indicam que meninos e meninas resilientes apresentam as seguintes características:

DA CRISE À OPORTUNIDADE: RESILIÊNCIA

Atributos:

- Ausência de problemas físicos.
- Temperamento fácil.
- Ausência de separações ou perdas precoces.

Ambiente próximo

- Pais competentes.
- Relação próxima com, pelo menos, um cuidador primário.
- Possibilidade de contar, quando adulto, com apoio do cônjuge, da família ou de outras pessoas do convívio.
- Melhor rede de apoio informal(vínculos).
- Rede de apoio formal, através de melhor experiência educativa.

Funcionamento psicológico

- Maior coeficiente intelectual e habilidades de resolução de problemas.
- Melhores estilos de enfrentamento.
- Motivação às conquistas.
- Autonomia.
- Empatia, conhecimento e controle adequado das relações interpessoais.
- Vontade e capacidade de planejamento.
- Senso de humor positivo.

O psicólogo alemão Friedrich Lösel acrescenta, a essas características, outras qualidades do funcionamento psicológico em meninos e meninas resilientes:

SUPER-RESILIENTE

- Maior tendência à aproximação.
- Maior autoestima.
- Menor tendência a sentimentos de desesperança.
- Maior autonomia e independência.
- Habilidades de enfrentamento que, além de outras já mencionadas, incluem orientação às tarefas, melhor gerenciamento econômico, menor tendência a evadir dos problemas e ao fatalismo.

Se uma pessoa tem um ambiente familiar no qual há muitas mensagens do tipo: "não se arrisque" ou "conforme-se com o que tem", ela terá muita dificuldade para romper com esse círculo de fracasso. Diferentemente disso, quando os pais trazem mensagens resilientes e são modelos de superação, os filhos adquirem uma consciência adequada diante das crises e se relacionam melhor com situações como o divórcio, a mudança de colégio, a morte de um familiar ou de um animal de estimação.

Mas, culturalmente, tentamos não expor a criança ao sofrimento. Frases como "Deus o levou para o céu" ou "Vai ser mais feliz no céu" tentam nos desvincular e nos proteger dos processos dolorosos, desde pequenos. Ainda que as intenções sejam boas, expressões desse tipo só limitam o desenvolvimento da capacidade de resiliência na criança e podem fazer com que nos desconectemos e até reneguemos a Deus perante as situações de profunda contrariedade.

Os pais devem proporcionar determinadas orientações para que a criança, quando crescer, encare as calamidades do ponto de vista de assumir a responsabilidade, e não de evadir dela ou afundar-se na dor. Por isso, sugiro aos pais ou responsáveis que assentem as bases da criação com explicações como:

- A morte não tem que ser terrivelmente dolorosa, ela faz parte de uma transição.

DA CRISE À OPORTUNIDADE: RESILIÊNCIA

- As relações de um casamento terminam quando o amor acaba.
- Mudamos de casa porque não estávamos confortáveis nesta; em outro lar, estaremos mais confortáveis.
- Mudamos seu colégio para facilitar o transporte e outras rotinas do dia a dia.

DÊ OUTRO SIGNIFICADO À DOR

Para sermos resilientes, devemos buscar, dentro de nós mesmos, as ferramentas para contornar os obstáculos. Mas muitas pessoas nem sequer começam essa busca, por se encontrarem em um processo permanente de evasão da dor. Os paradigmas inadequados, que muitos têm gravados em suas mentes, os impedem de assumir a dor como parte da vida: se você se golpear, vai doer; se você se queimar, vai arder.

Do ponto de vista neurológico, o cérebro envia aos sentidos um sinal para processar a dor de determinada forma, ante determinada situação. Se o sinal for: "dor = ruim", então experimentaremos mal-estar. Mas se for: "dor = parte do processo natural", nós lidaremos como um processo natural, ou seja, incorporando o conceito de neutralidade na interpretação da dor.

Tudo o que foi dito até agora relaciona-se a um roteiro com o qual lidamos. Ou, melhor dizendo, é o roteiro que controla nossas reações ante determinadas situações. Se seu roteiro define as crises ruins, então, você terá menos capacidade de enfrentar essas crises, permitindo que o medo, o bloqueio e o paradigma negativo o controlem. Se a mensagem que repete a si mesmo for: "Eu não consigo", então, não conseguirá.

Por mais insistente que tenha sido, em nossa formação, a indução para assumir o lado trágico da dor, este é um padrão que podemos mudar. Em meu caso, como exemplo: meus pais se divorciaram quando eu tinha sete anos de idade. Lembro-me de que, algumas vezes, eu chorava, mas na maioria das vezes nem entendia a situação; não obstante, eu conseguia brincar com meu Lego® e me reconectar rapidamente comigo mesmo.

A dor não era um tema tratado abertamente, porque os membros da minha família eram reféns das consequências de seu passado difícil. Coube a mim reverter essa percepção negativa herdada, e hoje eu consigo apreciar a dor, de uma perspectiva positiva e enriquecedora.

Desde os 17 anos eu me esforço para reescrever esse roteiro mental, com frases do tipo: "Sim, eu posso", "Sim, eu quero", "Sim, eu tenho a habilidade". Depois das trágicas mortes de familiares e amigos, que comentei no primeiro parágrafo deste capítulo, quando um ser querido morre de causas naturais, não percebo essa perda como um imprevisto, mas como parte natural da vida e, ainda que a tristeza esteja presente, acrescento amor e gratidão por todas as bênçãos recebidas durante o tempo da presença física. Digo isso com toda a humanidade que a situação exige.

Com minha frequente aproximação à morte de pessoas queridas, o significado que atribuo à dor me faz ser mais resiliente. Tenho o sentimento de perda, lógico, mas desprovido de uma visão trágica. Sinto saudades, por já não poder contar com a companhia dessa pessoa amada, mas em um contexto que me permite experimentar essa perda de forma serena e enriquecedora.

Particularmente, acredito que viemos para aprender nesta escola chamada vida, temos um processo para viver e completar. Aprender a usar o observador consciente é uma ferramenta fundamental para transcender nossas emoções associadas à perda ou à crise, para nos elevarmos a um lugar que permita compreender o *bem maior* inerente a cada evento ou experiência.

Quando damos outro significado a uma calamidade, mudamos as emoções experimentadas em virtude dessa situação e as transformamos em crescimento. Por exemplo, uma morte imprevista provocará um grande impacto, mas no caso de uma morte gradual, digamos que por uma doença crônica, costumamos dizer: "finalmente descansou". Essa espécie de consolo mostra um poderoso mecanismo interno, que é dotar de significado positivo aqueles acontecimentos fatais. Esse novo sentido leva a transformar os acontecimentos da vida em experiências de aprendizado.

O QUE NÃO É RESILIÊNCIA

Tudo o que foi dito nos leva a um ponto-chave: as experiências dolorosas, com as quais aprendemos e nos conscientizamos do que sentimos, nos tornam mais resilientes. Não nos embrutecem nem desumanizam, mas nos permitem lidar com maior maturidade e sabedoria. Ser resiliente não é achar-se invulnerável ou insensível.

Os paradigmas de "Tenho que ser forte" e "Tenho que me recuperar da dor, sempre" estão apoiados em um sentido falso de fortaleza. Ao contrário, estarmos conscientes da dor nos faz mais vulneráveis, porque nos conecta profundamente com o processo de perda.

A resiliência também não significa ser indiferente ou deixar de experimentar angústia ou tristeza. De fato, o caminho para a resiliência está cheio de obstáculos que abalam nosso estado emocional. Deve existir vulnerabilidade na resiliência (é necessário experimentar a dor durante o processo de perda; falaremos sobre esse tema no próximo capítulo), e devemos nos fazer conscientes e fluir com essa vulnerabilidade.

Como exemplo de resiliência, gostaria de compartilhar a história de Beatriz Lemus, uma jovem venezuelana com autismo clássico, que superou todos os prognósticos desfavoráveis. Beatriz tem um coeficiente intelectual superior ao de Albert Einstein e começou a tocar piano aos três anos de idade. Hoje é médica

SUPER-RESILIENTE

fisiatra e exerce sua carreira no Hospital Militar Carlos Arvelo (Caracas, Venezuela), onde é considerada uma das profissionais mais talentosas da Unidade de Medicina Física e de Reabilitação desse centro de assistência.

Em suas redes sociais, Beatriz ensina que seu autismo não é Asperger, geralmente com altos níveis de funcionalidade. Ela superou o roteiro que a vida lhe impôs e hoje é o exemplo do bambu. Na fábula oriental da samambaia e do bambu, podemos identificar as características dessa garota-prodígio, que também estão presentes em toda pessoa resiliente:

"Um dia, decidi entregar os pontos… pedi demissão do meu trabalho, desisti do relacionamento que tinha, da minha vida. Fui à floresta para falar com um ancião que diziam ser muito sábio.

— O senhor poderia me dar uma boa razão para não me dar por vencido? —, perguntei.

— Olhe à sua volta — respondeu-me ele —, você vê a samambaia e o bambu?

— Sim — respondi.

— Quando plantei as sementes da samambaia e do bambu, cuidei delas muito bem. A samambaia cresceu rapidamente. Seu verde brilhante cobria o chão. Mas nada saiu da semente de bambu. Entretanto, não desisti dele. No segundo ano, a samambaia cresceu mais brilhante e abundante e, novamente, nada cresceu da semente de bambu. Mas não desisti dele. No terceiro ano, nada brotou da semente de bambu. Mas não desisti dele. No quarto ano, novamente, nada saiu da semente de bambu. Mas não desisti dele. No quinto ano, um pequeno broto de bambu apareceu na superfície da terra.

Em comparação à samambaia, aparentemente, era muito pequeno e insignificante. No sexto ano, o bambu cresceu mais de 20 metros de altura. Levou cinco anos para desenvolver as raízes que o sustentam. Essas raízes o fizeram forte e forneceram

DA CRISE À OPORTUNIDADE: RESILIÊNCIA

o necessário para sobreviver. Sabia que em todo esse tempo, você esteve criando raízes? — disse o ancião e continuou: — O bambu tem um propósito diferente da samambaia. Mas os dois são necessários e fazem da floresta um lugar maravilhoso. Nunca se arrependa de nenhum dia de sua vida. Os dias bons proporcionam felicidade. Os dias maus proporcionam experiência. Ambos são essenciais para a vida".

CAPÍTULO 03

Atravessando o processo de perda

Quando não consegue se adaptar, ser flexível e encontrar sua fortaleza ante uma crise, você entra em um ciclo de desconsolo e depressão. Completar totalmente o processo de luto é o primeiro passo para superar.

> "Somos curados do sofrimento somente quando o experimentamos a fundo".
> **– MARCEL PROUST**

PERGUNTE A SI MESMO...

- Alguma experiência vivida me bloqueou de tal maneira que eu não me permiti agir?
- Eu me apeguei a uma perda pessoal por mais de um ano?
- Eu me livro rapidamente do apego por um bem material perdido?
- Sofro ataques de raiva quando uma situação não sai como desejo?
- Mantenho próximos os elementos, ou símbolos, que me lembram de uma pessoa que perdi ou que saiu da minha vida?

SUPER-RESILIENTE

Durante minha estadia no México, logo depois que a Interpol emitiu o Alerta Vermelho de captura, junto com a ordem de prisão, eu estava tão angustiado que não identificava nenhuma solução. Perdi o ânimo, sentia falta do meu lar, estava hospedado na casa de amigos e tinha saudade da minha independência e liberdade. Tive que me medicar para combater a insônia. Uma parte de mim não se adaptava nem era flexível com o que estava acontecendo à minha volta. Perdi minha fortaleza. Tinha caído em cheio na espiral do desânimo.

Quando nos sentimos aplastados e pressionados pela adversidade, atravessamos diferentes etapas de uma curva sombria, e é necessário identificá-las para saber como fluir com elas. É a chamada espiral do desânimo e envolve as seguintes fases:

Espiral do desânimo

1. Desânimo
2. Impotência
3. Desalento
4. Depressão

O DESÂNIMO

É a primeira sensação quando se encara uma crise e se expressa pela falta de vontade e ânimo para enfrentar o desafio. Predominam as críticas a si mesmo e lamentos do tipo: "Por que isso está acontecendo comigo?" ou "Não tenho energia para lidar com essa situação". Nesta etapa inicial, busca-se um culpado pelo que aconteceu e existe a tendência a assumir uma postura de vítima. O primeiro sintoma do desânimo é a perda de entusiasmo e propensão à fuga da dura circunstância.

A tristeza se estende com facilidade a outros espaços da vida, fazendo-nos crer que perdemos nossa autoestima e a confiança para superar os desafios. Consequentemente, perdemos uma parte da nossa identidade. Nesta primeira etapa, sentimo-nos esgotados e de mãos atadas para encarar essa realidade.

> "Não deixe que nada te desanime, pois até um chute no traseiro te empurra para frente". – **ANÔNIMO**

O desânimo chega quando pensamos que as batalhas a serem travadas são maiores que nossas forças. Com a autoestima e a autoconfiança diminuídas, entramos em uma espiral que reduz nossas possibilidades de sucesso, podendo chegar a perceber, de forma equivocada, que já não há nada a se fazer. Sentir-se desanimado favorece o mau desempenho, o que gera mais desânimo.

É por isso que lidar com fortaleza e adaptabilidade é a chave para transpassar esta fase: se eu me adapto, posso assumir minha nova realidade e transformá-la. Se ajo com fortaleza, lido com fé e autoconfiança suficientes para superar o acontecimento infeliz.

SENTIR-SE DESAMPARADO

Depois do desânimo, vem a fase do desamparo. Esta sensação ou sentimento aparece quando não vemos oportunidades no horizonte nem nos sentimos capazes de mudar a situação.

SUPER-RESILIENTE

Assumimos, então, uma postura de passividade. Neste estado de desamparo, sentimo-nos expostos, inseguros, não assumimos a realidade, perdemos o potencial para nos responsabilizarmos pelo agora e para nos adaptarmos.

Nesta fase, somos assaltados por sensações que podem ser traduzidas em frases como: "Não tenho ninguém para me proteger" e começamos a procurar formas aparentes de conseguir refúgio. Qual é a forma de se sentir aparentemente protegido? Tentar voltar ao passado, porque é no ontem que tínhamos a sensação de conforto e de achar que controlávamos as circunstâncias. Tentamos reencontrar o que foi perdido e, desesperadamente, retomá-lo, agarrando-nos ao que se foi.

Talvez tentemos sair do atoleiro, mas damos com o nariz no desamparo. Talvez chamemos alguém de confiança para pedir apoio, mas essa pessoa diz: "Respondo mais tarde, agora estou a caminho do trabalho" ou "Falamos à noite". Com essa situação de cada um estar concentrado na própria rotina, uma parte sua supõe que o mundo continua, enquanto você permanece preso na dor.

Ainda tenho algumas lembranças de quando vivi essa etapa, no ano de 2010. Acho que eu cheirava a problemas e crises, porque foram poucas as amizades que se apresentaram incondicionalmente. Outras estavam "no trabalho" ou "na própria vida". Não escrevo isso como queixa, mas da posição de observador consciente. Quando se atravessa uma situação de fragilidade, algumas amizades se ausentam, enquanto que outras surpreendem com sua presença infalível. Minha sugestão para esses casos? Confiar no que o universo coloca à sua frente. Existe sempre um aprendizado inerente.

Um artigo sobre as chaves do comportamento, publicado por Martin Seligman, psicólogo norte-americano e um dos pioneiros da psicologia positiva, que aprofundou o conceito de desamparo e sua relação com a depressão, afirma que as pessoas começam a ser passivas quando se sentem presas. E como na etapa do

ATRAVESSANDO O PROCESSO DE PERDA

desamparo as opções são pouco evidentes aos olhos, a mente bloqueia e ficamos submersos no negativo.

A sensação de desamparo se aplica não apenas aos indivíduos, mas também a grupos do trabalho, famílias e até a nações inteiras. Se o subconsciente coletivo estiver convencido de que é impossível enfrentar uma crise, seus membros serão passivos e permitirão que o *status quo* siga seu curso.

> "Falhar é uma parte importante do nosso crescimento e do desenvolvimento da resiliência. Não tenha medo de falhar".
> – **MICHELLE OBAMA**

O DESALENTO

Ao entrar no desalento, submerge-se em um estado extremo de desânimo e perda de força para agir. Nesta etapa, a sensação de prostração domina e submergimos no abatimento e perdemos a força para continuar. É quando os outros começam a dizer: "Vai ficar tudo bem", "Não se preocupe", "Você é capaz". Mas, no fundo, você não acredita em nada, porque duvida da sua capacidade de superação.

Diante da perda, predomina a tristeza, mais a frustração e a saudade do passado. Nesta fase, a energia produtiva está em um nível baixo e a tendência é de nos isolarmos. O desalento nos leva a crer que não temos energia para inovar, o conformismo avança e começamos a "comprar" roteiros do tipo: "Aqui nada vai mudar", "Não farei nada, não vai mudar nada mesmo".

Nas duas etapas anteriores, é possível agir; mas, no desalento, a recuperação parece ser inalcançável. O desalento, em grau mais elevado, repercute no estado físico e mental: o sofrimento psicológico provoca mudanças bioquímicas, e o excesso de cortisol, o chamado hormônio do estresse, deprime o sistema imunológico. Isso explica a razão de uma pessoa, em situação de estresse intenso e prolongado, ficar doente e até passar por episódios de disfunção sexual.

A DEPRESSÃO

Desconectados do nosso poder pessoal, essa sensação de desesperança altera a bioquímica do cérebro, e corre-se o risco de entrar em depressão. Chegamos ao fundo do poço. A depressão termina apagando as luzes internas, paralisa, bloqueia e nos afasta dos outros.

Durante uma crise, é possível passar diretamente para o desamparo ou depressão? É difícil diferenciar quando se passa de uma etapa à outra, porque os sintomas são parecidos. Quando começar o desânimo, devemos aplicar as ferramentas libertadoras internas, para evitar o sentimento de desamparo, que antecede o desânimo e, depois deste, vem a depressão. Só com apoio de especialistas ou de terapia conseguiremos sair desse último quarto escuro.

Todos nós, em algum momento, sentimos esse desamparo ou desalento. Talvez não a ponto de chegar à depressão (diagnosticá-la requer um exame especializado), mas muitos de nós experimentamos isso, quando o sofrimento parece sair do nosso controle. O que é necessário para identificar a fase da espiral de desânimo em que se encontra e não chegar à beira do abismo, que seria o caso de pensar em atentar contra a própria vida? Se, em algum momento, um pensamento desse tipo passar pela sua cabeça, você precisa buscar apoio profissional.

Recorrer à ajuda especializada não é uma derrota nem o faz menos resiliente. Muitas pessoas se fecham a essa possibilidade, pensando que podem lidar sozinhas com a situação ou por não aceitarem que precisam de apoio extra. Quando estive no México, fiz terapia profissional. Com as ferramentas ao meu alcance, toda a minha bagagem de anos como facilitador dos Seminários Insight®, com minha ampla experiência de *coach*, para apoiar outras pessoas a se centrarem e a superar, admiti, para mim mesmo, que necessitava ajuda. Não conseguia lidar com isso sozinho. Sem importar seu papel na sociedade, *status* ou conhecimento, aprendi que "o melhor líder, facilitador ou *coach* é aquele que se deixa facilitar por um profissional".

Um exemplo que ilustra essa etapa é quando se perde o emprego e a pessoa se fecha entre quatro paredes. Quando se percebe a chegada do desânimo, é preciso optar por ações corretivas, colocar-se em movimento, envolver-se, atualizar o currículo e enviá-lo, candidatar-se pela internet, identificar quem pode ajudá-lo a encontrar um novo posto de trabalho.

Se não se envolver com novas possibilidades, a mensagem que envia ao universo, e a si mesmo, é que "não há nada a ser feito". E, se não existe o que fazer, nada chegará. Mas se você aprende que cada crise traz oportunidades, vai se sentir capaz de responder, para inovar e transformar a realidade. Já que energia atrai energia, a ação é a única forma de romper a espiral do desânimo em suas etapas iniciais.

O PROCESSO DO LUTO

Logo depois que meu pai foi assassinado naquele dezembro de 2002, entrei em inércia por vários meses, quando me encarreguei dos meus irmãos mais novos e respondi ao processo judicial. Nas demais horas, ocupava minha cabeça com assuntos de trabalho para não pensar diretamente na perda. Fugia. Depois de um tempo, quando, aparentemente as águas voltaram ao seu leito e meus irmãos estavam encaminhados, entrei em crise.

Como percebi? Fui tomar um banho e, depois de um bom tempo em baixo do chuveiro, minha pele já estava enrugada devido ao tempo que fiquei ali, sem consciência de mim mesmo. A água estava fria, pois a quente esgotou. Não perdi os sentidos, mas, sim, a consciência do presente. Tinha me perdido. Estava exausto física, emocional e mentalmente. Não cumpri, adequadamente, meu processo de luto, depois da partida do meu pai.

Perder seres que amamos, empregos, negócios, objetivos, bens materiais, sentido de si mesmo, hábitos ou oportunidades pode ativar o processo de luto. Na verdade, é um ciclo de adaptação que requer um tempo para superar a experiência dolorosa, o que dependerá da magnitude da perda e de nossa atitude diante ela.

O luto é uma resposta saudável a uma crise. Para ter consciência desse processo, devemos conhecer suas cinco etapas, propostas pela primeira vez em 1969, pela psiquiatra Elisabeth Kübler-Ross, no livro *On death and dying* ("Sobre a morte e morrer"). Baseada em seu trabalho com pacientes em fase terminal, a autora suíço--norte-americana afirmou que, logo depois da morte de um ser querido, inicia-se um processo de lidar com a perda. As pessoas afetadas passam por:

- Negação.
- Raiva.
- Negociação.
- Depressão.
- Aceitação.

Para trabalhar e relacionar com outros, é necessário um determinado nível de energia produtiva. Quando essa energia está em 100%, desfrutamos de uma vida que poderíamos qualificar como "normal"; mas essa energia vai mudando, à medida que o processo de luto acontece. São picos de energia produtiva de um processo que temos que vivenciar para superar.

ATRAVESSANDO O PROCESSO DE PERDA

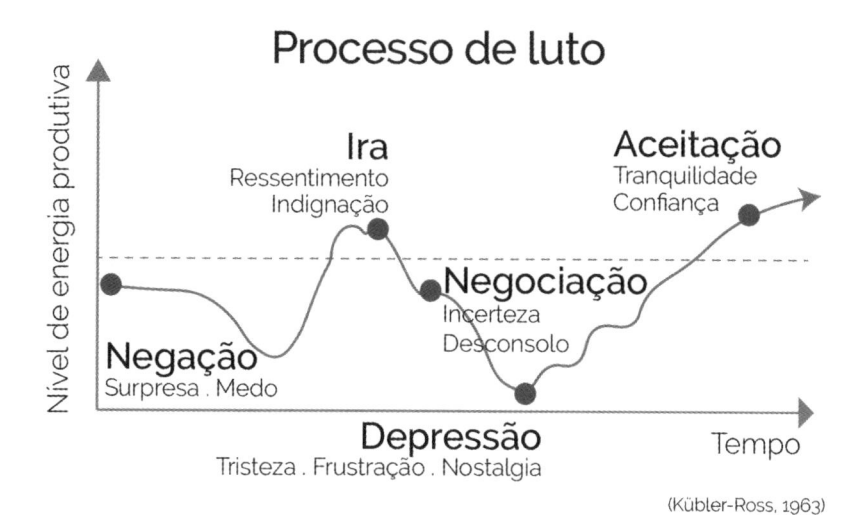

Processo de luto

Nível de energia produtiva → Tempo

- **Negação** — Surpresa . Medo
- **Ira** — Ressentimento . Indignação
- **Negociação** — Incerteza . Desconsolo
- **Depressão** — Tristeza . Frustração . Nostalgia
- **Aceitação** — Tranquilidade . Confiança

(Kübler-Ross, 1963)

As cinco fases acontecem na ordem descrita: você começa com a negociação, sobe a encosta da raiva, desacelera durante a negociação interna para, depois, mergulhar na depressão (mais que depressão clínica, é uma profunda sensação de desânimo). Por último, vem a aceitação, na qual recupera seu caminho e seu nível de energia produtiva.

É importante entender que esse ciclo se aplica não só à perda de um ser querido, mas também a uma mudança brusca, um divórcio, emigrar a outro país ou perder um bem material significativo.

Ninguém pode viver a perda por nós. É um processo individual e intransferível. Uma trajetória que cada um deve percorrer com as ferramentas internas que possuir e, é claro, com apoios externos. Mas o luto é uma experiência que deve ser vivida, para que aconteça o processo de fortalecimento. Atravessá-lo consciente e adequadamente leva à resiliência. Ainda que, às vezes, demoremos um pouco. Vamos nos aprofundar em cada uma das etapas:

A negação

A primeira coisa que acontece numa situação de perda é o típico "isto não está acontecendo comigo", embora intuitivamente você saiba que, de fato, está acontecendo. A negação é uma forma de resistência. Você nega porque resiste. A que você resiste? A quem você resiste? À nova realidade. As emoções dominantes na etapa de negação são o medo e a surpresa, que se manifestam através de:

- Incredulidade.
- Confusão.
- Inconsciência.
- Desqualificar a realidade.
- Bloquear-se.

A negação acontece porque uma parte de você está presa ao passado e ao que você perdeu. Com a negação, você recusa também as opções ou formas de responder a essa nova realidade, inclusive se recusa a aceitar os fatos que estão à sua frente.

Mas por que esta fase acontece? Porque você se agarra à esperança de que tudo voltará à "normalidade" perdida. A negação se baseia na ilusão de que poderá voltar a um passado que, se reparar bem, também não era toda essa maravilha, mas da atual perspectiva da perda, é percebido como mais confortável, em comparação com o que vive agora. "A negação vem acompanhada de uma conveniente mentira, para ser adaptada em algum momento lá na frente, quando uma verdade aceitável tenha sido negociada", formulou o escritor norte-americano John Katzenbach.

Durante a negação, você está confuso e inconsciente do que acontece, inclusive pode chegar a desqualificar a realidade, quando diz: "Isso não está acontecendo", "Isso não deveria estar acontecendo", "Por que comigo?". Aqui, já está às portas da vitimização:

ATRAVESSANDO O PROCESSO DE PERDA

quando desqualifica a realidade, você nega a possibilidade de se encarregar e assumir a responsabilidade.

Nesta etapa da negação, o nível de energia produtiva começa a diminuir quando você se estanca no bloqueio. O bloqueio paralisa e impede a ação. Se não se mexer, se não estiver disposto a participar e se recusar a fluir, você não sairá da negação e levará muito tempo para intervir e melhorar.

Depois do assassinato do meu pai, passei por outros dois processos de perda muito difíceis: um deles foi o de me ver obrigado a abandonar a Venezuela, e o terceiro foi em decorrência da emissão de ordem da Interpol. Apesar dos meus conhecimentos como *coach* pessoal e executivo, nos dois processos, eu empilhei as etapas e aumentei outras, por um caminho acidentado que, na sequência, cobrou as faturas por eu não o ter percorrido corretamente.

A etapa de negação do meu processo de luto foi vivida no primeiro mês que morei nos Estados Unidos, país aonde cheguei com o que tinha no corpo, em virtude da informação que me passou o amigo Tomás Vasques, naquela madrugada, de que a polícia da inteligência venezuelana me prenderia no dia seguinte.

Durante essas primeiras semanas tive muito medo, não dormia bem, sofria de síndrome de perseguição (obviamente, estavam me perseguindo na Venezuela) e paranoia.

Depois de um mês nos Estados Unidos, viajei para o México e fiquei hospedado em um lar cheio de amor. Com isso, entrei em uma letargia que adormeceu meu ressentimento e minha raiva.

No México, morei na casa de uns amigos. Primeiro com María del Carmen Lara e, depois, com Atilio Urdaneta. Trataram-me como um filho, como um irmão mais novo, ofereceram-me uma mesada, levavam-me ao cinema e a restaurantes. Eu estava sereno e, aparentemente, já tinha aceitado minha realidade. No começo da minha estadia no país asteca, não vivi meu processo de negação, graças a essa família que me encheu de cuidados.

Essa circunstância confortável adormeceu minha dor e minha raiva, como em uma maré contida.

Quais foram as consequências? Iniciei um processo de terapia nesses meses em que estive rodeado de tanto afeto e retornei ao meu trabalho como *coach*, ministrei cursos e consultorias, comecei a me relacionar socialmente. Tudo ótimo! Mas não ter aceitado a situação completamente, além de anestesiar a raiva do meu processo de luto, não me curou. E tive que vivê-lo depois...

> "O que você nega te submete.
> O que você aceita te transforma".
> — **CARL GUSTAV JUNG**

A raiva

Nesta fase do luto, a energia aumenta ao se conectar com a raiva, o ressentimento e a indignação, através de comportamentos como:

- Procurar causas e culpados.
- Não aceitar a "injustiça".
- Queixar-se.
- Procrastinar.
- Incapacitar-se.

É certo que a energia aumenta, mas em uma onda de pessimismo, como força reativa, e não proativa. É uma energia focada na negatividade. Uma fúria direcionada para fora e, algumas vezes, contra si mesmo. É quando você vê o mundo como um alvo, onde procura os culpados e as causas; justifica sua decisão de não aceitar a "injustiça"; queixa-se; procrastina para castigar, incapacitar e sabotar a si mesmo.

ATRAVESSANDO O PROCESSO DE PERDA

Ou seja, você continua bloqueado. Isso aconteceu comigo em muitas ocasiões, e eu me sentia incapacitado internamente, estava procurando um culpado para minha situação, com o objetivo de projetar minha raiva. Nessas ocasiões, "meu observador" consciente falava comigo internamente e me alertava, mas, naquele momento, minhas emoções não haviam amadurecido, e eu também não estava consciente da minha resiliência.

> "Não existe paixão que quebrante tanto a sinceridade do julgamento quanto a ira".
> **– MICHEL DE MONTAIGNE**

As emoções negativas me invadiram. A raiva, o ressentimento e a indignação com meu entorno eram as manifestações de minha negação. Continuava resistindo, pois a minha negação não era outra coisa além de resistência passiva, e minha ira era a resistência ativa que se manifestava externamente e para dentro. Inclusive, negava até as coisas sobre as quais eu tinha um certo controle.

A ira impacta o entorno social, isola e repercute na saúde física. Em um estudo feito por pesquisadores da Duke University Medical Center, de Durham, Carolina do Norte, ficou evidenciado que as pessoas que convivem com a raiva e a depressão aumentam em 19% o risco de sofrer doenças cardíacas.

Na fase da ira, você pode ser invadido pela inveja, experimentada por comparar a sua vida com a de outras pessoas. "Por que isso não acontece com eles e comigo sim?" e "Por que os outros estão felizes e eu não?" são pensamentos característicos dessa etapa. Não se envergonhe, acontece com todos nós.

Vou lhe contar um caso pessoal. Logo depois de sair do meu país, por saber que seria procurado pela polícia venezuelana, um amigo me revelou que, em uma conversa entre pessoas conhecidas, houve quem comentasse: "Caramba, finalmente aconteceu algo ruim com o Jacques!". Meu amigo lhe perguntou por que

SUPER-RESILIENTE

estava dizendo aquilo, e a pessoa respondeu: "Porque faz anos que o Jacques é bem-sucedido, com bons estudos, graduou-se com honra na universidade, tem um excelente trabalho e remuneração, é sócio de um restaurante-confeitaria, faz consultorias importantes, com ótimas relações sentimentais, saúde…".

Meu amigo percebeu certo prazer nessas palavras, porque "finalmente, algo ia mal para o Jacques". E, de minha parte, eu me perguntava, naquele exato momento, por que outras pessoas tinham estabilidade, enquanto eu não tinha nem um teto próprio. Embora a inveja seja uma emoção que se apresenta na fase da ira, ela tem uma duração breve e pode ser manejada saudavelmente, se a consciência pessoal for trabalhada.

Durante meu processo de luto, a ira encapsulada pelo amor vivido no lar de María del Carmen explodiu quando eu soube da medida da Interpol. Fui informado bem no momento em que prestava uma consultoria na cidade de Guadalajara. Um amigo, com um sentido de humor um tanto quanto *particular*, possuidor de vários milhões de dólares na conta bancária — e eu com a conta bloqueada — disse: "Você ficou bem na foto". "A que você se refere?", perguntei. "É que registraram todos nós na Interpol e publicaram uma foto sua em que você está feliz". Ironicamente, saio sorridente na foto que a Interpol publicou. Muitos afirmam que o humor funciona em situações críticas. Rir de si mesmo pode ser uma boa catarse, mas não é assim quando os outros riem de você.

Naquele minuto eu me conectei com a raiva. Foi como um *click*. Interrompi a sessão de coaching e fui para o hotel. Esmurrei a parede, enfiei-me no chuveiro e passei horas chorando. Meu capital de trabalho é minha reputação, mas uma medida da Interpol me impede de viajar e de me expor publicamente. Depois dessa notícia, veio o ressentimento com as pessoas, especialmente com aquela que brincou com a situação. A ordem da Interpol foi meu brusco bilhete de ida, de uma etapa a outra, no processo de luto.

ATRAVESSANDO O PROCESSO DE PERDA

A negociação

Depois dos primeiros sentimentos no ciclo de perda — a negação e a raiva —, vem a etapa de negociação, a pretensão de forçar os fatos: ao não aceitar a realidade, vem a tentativa de entrar em um acordo com ela. No caso das rupturas românticas, a pessoa pode dizer, a si mesma e até ao parceiro ou à parceira: "Tudo bem, entendo que esta relação não está funcionando, vamos tentar de novo e dar um tempo para que as coisas fiquem bem, para pensar positivamente". Mesmo sabendo que a relação terminou, você tenta fazer a realidade externa coincidir com o que está sentindo.

Você baixa do pico de energia negativa da ira, onde se encontrava há pouco, para a quietude e imobilidade. Tenta resolver a situação negociando, mas de uma perspectiva camuflada: "mudar para que tudo continue igual". Procura resolver a adversidade com soluções parciais, falsas ou aparentes, sem uma mudança definitiva. Digo "aparentes", porque terminam sendo um placebo e atrasam o processo de resiliência, além de levar ao desânimo. Nesta fase, manifestam-se as seguintes reações:

- Antecipar e ajustar a conveniência da mudança ou da realidade.
- Procurar falsas alternativas.
- Assumir parcialmente a responsabilidade.
- Apego.
- Fantasiar negativamente.
- Criar possibilidades a curto prazo.

Durante a negociação, tentamos criar uma realidade quase falsa, que é uma mistura entre aquele passado "confortável" (o que mudou) e a nova situação. É possível que reconheça o que aconteceu, mas no fundo não aceita e, portanto, não age para corrigir. Nesta etapa, talvez até se abra a buscar ajuda, mas a incerteza — não saber o que vai acontecer — o assombra, além do desconsolo que o persegue e que está muito ligado ao desânimo.

SUPER-RESILIENTE

No meu caso, a ordem da Interpol me afundou de cheio no desconsolo, para depois levar-me à negociação. Quando meus trâmites migratórios no México colapsaram e comecei o processo de asilo nos Estados Unidos, negociava comigo mesmo falsas soluções e assumia, parcialmente, a responsabilidade do que tinha acontecido. "Isto que dá meter-me onde não devo", dizia a mim mesmo, embora eu ainda estivesse responsabilizando outras pessoas pelo ocorrido.

O que devemos nos dizer para, realmente, assumirmos a responsabilidade? Poderíamos começar a olhar o panorama da posição de "como começou" e não de "o que aconteceu". Assim não usamos frases desprovidas de responsabilidade. A honestidade é necessária, além de boa memória para encarar o panorama em seu princípio.

Depois de sair novamente do México, rumo aos Estados Unidos, um país desconhecido para mim naquela época, sem relacionamentos pessoais ou profissionais, levei na bagagem o desconsolo e a incerteza. Morei três meses na casa do meu amigo Atilio, em Miami Beach, logo depois, três meses na casa de Flávio Guaraní, hoje falecido, e sua esposa Huguette.

Posteriormente, quando mudei para o meu apartamento, dormi em um colchão inflável por um tempo, forrado com lençóis emprestados e comia em pratos, copos e talheres de plástico. Uma parte minha se agarrava à falsa possibilidade de voltar ao México. "Isto vai passar rápido", pensava. Procurava assimilar o processo, mas basicamente, eu procrastinava.

A depressão

Por não conseguir controlar o que acontece externamente, a energia cai novamente e dá lugar à depressão, um espesso coquetel de tristeza, frustração e nostalgia. Neste caso, a energia produtiva é mínima e forçará ainda mais a situação, para tentar

ATRAVESSANDO O PROCESSO DE PERDA

recuperar as condições do passado. A depressão se manifesta através de:

- Expressar mais tristeza.
- Sentir desamparo.
- Mostrar passividade.
- Aumentar o isolamento.

Na resiliência, essa depressão não é uma condição clínica, senão parte do processo da espiral do desânimo, ainda que seja comum pessoas que tenham sofrido a perda de um ser querido apresentarem sintomas correlatos ao diagnóstico de depressão.

Existem fatores de risco que podem aumentar a possibilidade de sofrer depressão, tais como: pouco apoio social, pouca experiência com a morte, histórico prévio de depressão, bem como sintomas depressivos precoces em uma reação de luto.

Não obstante, sobre as diferenças entre luto sadio e transtorno depressivo, a psicóloga espanhola Sara Losantos aponta que, no primeiro, a dor aparece em ondas e coexiste com momentos de otimismo e esperança; enquanto que, no transtorno depressivo, o sentimento predominante é o vazio e a incapacidade quase absoluta de sentir felicidade ou prazer.

> "Não meço o sucesso de um homem pela altura a que chegou, mas pela força com que rebate quando chega ao fundo".
> **– GEORGE PATTON**

Em meu processo pessoal, como soube quando afundei na depressão? Em algumas ocasiões fiquei passivo, isolava-me e desaparecia em uma mescla de emoções que combinavam medo, ressentimento e indignação por não ter atravessado nem identificado claramente cada etapa. Sofri até de inapetência sexual e perdi o domínio das minhas habilidades. Sentia-me frustrado e nostálgico pelo passado, sentia saudades dos meus relacionamentos, dos meus familiares e amigos, saudades do meu espaço, do meu lar.

A mania de perseguição era constante. A ponto de, durante um seminário ao qual fui convidado, meu mestre John Morton, guia espiritual e diretor do MSIA (sigla em inglês de *Movement of Spiritual Inner Awareness*), movimento a que pertenço há três décadas e sobre o qual me estenderei mais à frente, solicitou que eu olhasse para a porta. "Para quê?", perguntei. "Para que veja que ninguém te persegue".

Foi quando comecei a assimilar a realidade. Foi uma tomada de consciência depois de muito tempo de meditação e de reflexão, produto de um período de isolamento que transformou minha introspecção em observação consciente.

Ainda que, na etapa de depressão, exista a rejeição ao apoio social, esse isolamento pode transformar-se em introspecção e observação consciente: um nível de isolamento saudável e dosado faz bem para explorar sua intimidade e as riquezas que ela contém.

Decidi experimentar a tristeza. Apesar de o meu ego dissimular essa situação em algumas ocasiões, decidi vencer as limitações. E quando eu chorava, chorava mesmo! Quando me sentia indefeso, ligava para as pessoas para pedir apoio. Nesse momento, escolhi viver meu luto. Foi quando comecei a assumir minha nova realidade.

A aceitação

Depois da negociação e do período depressivo, vem a etapa da aceitação. Aqui começa a surgir um certo nível de estabilidade

ATRAVESSANDO O PROCESSO DE PERDA

e confiança — o reconhecimento das circunstâncias e a compreensão do que acontece dentro de nós, que é uma percepção da realidade. E não a realidade das fases anteriores, em que existe a busca para adaptar seus anseios.

Neste momento do processo de luto, você assume que a perda é inevitável, o que requer a mudança de visão da situação passada para abraçar o presente. A aceitação inclui adotar hábitos que gerem confiança e paz, o que se expressa através das seguintes ações:

- Responsabilizar-se pelo ocorrido.
- Assumir compromissos pessoais.
- Propor ideias e ações que se adaptem à mudança.
- Inspirar e cooperar com o ambiente.
- Transmitir otimismo.

Depois de passar pela etapa de depressão, comecei um processo de busca por respostas, não no espelho retrovisor, que só traz imagens do passado, mas na exploração de opções para transformar meu eu atual. Internamente, eu sabia que era capaz de aceitar, de me adaptar, de recriar minha realidade e me reinventar.

John Morton foi a chave de uma revelação ao me lembrar de que, enquanto não começasse a investir energia de lar no meu apartamento, eu manteria o apego pelo lar do passado. Então, comprei uma cama, comecei a decorar, coloquei à venda muitos objetos pessoais na Venezuela, mas conservei outros, como recordações queridas que me conectassem à sensação de lar.

Enfim, imprimi energia de lar a um espaço que, até então, era um imóvel vazio, porque um colchão inflável, copos e talheres descartáveis não fazem parte de um lar. Quando recuperei o aconchego de lar, fui envolvido pela sensação de tranquilidade e assumi a responsabilidade plena do que aconteceu; com isso, recuperei minha flexibilidade, minha adaptabilidade e minha fortaleza.

Depois de começar a viver a etapa de aceitação da realidade, minha energia produtiva subiu, trabalhei de novo, ganhei uma bicicleta de presente (como eu morava perto da praia, foi um dos melhores presentes que já me deram!), cuidei da minha saúde, retomei os serviços comunitários e as relações sociais. E tive a ideia de escrever este livro. Quando as pessoas se aproximavam para falar do meu problema legal, eu já não me lembrava dele com raiva, ressentimento ou tristeza.

A conclusão do processo de asilo nos Estados Unidos fechou, com chave de ouro, a minha etapa de aceitação. Demorei um dia para assinar o documento, pois fui informado de que, depois de assiná-lo, não poderia voltar à Venezuela, exceto se as acusações contra mim fossem retiradas. Assiná-lo significou abraçar plenamente a experiência de viver e começar a criar um mundo diferente.

QUANTO TEMPO DURA O LUTO?

A crise é um tempo de dificuldades. Sim, um tempo, um lapso com princípio e fim, um período crítico para tomar uma decisão importante ou difícil, seja para mudar de país, de trabalho, de amor, de casa ou estilo de vida. As cinco fases do processo de perda podem se estender, serem vencidas ou encurtarem durante uma crise. São situações de mudança considerando, inclusive, nossas crenças e nossos valores. Seja qual for o caso, o processo de perda inclui as fases de adaptação à nova situação, que vêm depois de qualquer perda física, cognitiva, emocional, espiritual ou sistêmica.

Mas quanto tempo dura o luto? Pode se estender por vários dias, semanas, meses, anos ou até uma vida inteira. O tempo de cura dependerá do nível de apego ao que esteja faltando, ou ausente, ou perdido; e se prolonga de acordo com a elaboração mental que façamos sobre essa perda. O luto será prolongado quando a perda é supervalorizada. O que é a supervalorização? É exagerar, mentalmente, o significado de uma circunstância.

ATRAVESSANDO O PROCESSO DE PERDA

Existem aqueles que pensam que a vida acabou porque terminaram um relacionamento amoroso, por um ente querido haver transcendido ou por terem perdido algum membro do corpo. Quando não se recuperam ou não são resilientes, ficam presos na dor e no apego. Mas se compreender que seu propósito, ou sua missão de vida, está acima de qualquer perda e que essa perda traz um aprendizado ou um novo ponto de referência para sua vida, você vai se agarrar a esse propósito existencial e encurtará o tempo de luto.

Não é possível medir, matematicamente, as fases do luto. Mas se reconhecer que tem a habilidade de ser resiliente, o tempo de permanência nas diferentes etapas será mais curto para você. Na verdade, essa sequência de ciclos é a conscientização de uma mudança do estado A ao estado B. Conscientizar-se dessa transição fará com que se recupere muito mais rápido. De qualquer forma, pular alguma das etapas desse processo de luto terá repercussões no futuro: a fase que não for cumprida satisfatoriamente, cedo ou tarde, baterá à sua porta. E será pior. Posso afirmar por experiência própria.

Para refazer sua vida ou começar a agir, é necessário um tempo adequado para descansar, refletir e curar. É preciso agir, mas alcançar o equilíbrio requer um tempo para refletir. Com isso, não quero lhe dizer para ficar deitado no sofá da sua casa, mas para se permitir conectar-se com a natureza ou ir à igreja. Ter um tempo para se conscientizar e equilibrar sua vida.

> "Tempos difíceis não duram, pessoas fortes sim". – **ROBERT H. SCHULLER**

Cada processo de perda é vivido de forma muito pessoal, por isso as diferentes etapas não são uniformes. Cada um viverá seu processo de acordo com as ferramentas que possui. Pode ser que sua fase de negação seja muito longa e a da ira seja curta, ou vice-versa. Em meu caso, a fase de negociação, logo depois da morte do meu pai e da crise com a instituição bancária, foi prolongada, porque busquei soluções falsas.

É importante completar esse processo de luto lembrando-se da situação com nostalgia, mas não com dor. É saudável evocar as experiências dolorosas, mas a chave é como elas são registradas na memória emocional. Isso é conquistado quando se alcança um equilíbrio físico, cognitivo, emocional, espiritual, em equilíbrio integral ou sistêmico. Vamos recordar o sábio conselho: "Temos que entrar no lado sombrio do nosso ser e amá-lo. Porque amá-lo é a chave para a transcendência". Devemos assumir e aceitar que esse lado sombrio faz parte de nós.

Somente quando fecha o ciclo da perda, tem consciência plena e se responsabiliza, é que você pode apreciar, com serenidade, o seu trânsito por esse ciclo natural de luta. Quando faz uma retrospectiva do que foi vivido, você transforma seu processo de luto em uma crônica, em uma história, em uma experiência. É nesse momento que você compartilha seu luto como um relato didático. Inclusive, um legado. Que é o caso deste livro.

CAPÍTULO 04

Ter consciência – a porta para a recuperação

Se os pensamentos negativos o paralisam ou se o invadem o medo, a raiva, o desejo de controlar, a angústia e o apego ao passado, a conscientização dessa realidade liberta você das amarras.

> "Apropriar-se da sua história é o maior ato de coragem que alguém pode realizar".
> – **BRENÉ BROWN**

PERGUNTE-SE:

- Que tipo de pensamentos eu tenho quando enfrento uma situação adversa?
- Eu comento com outras pessoas sobre minhas crises, com a intenção de despertar pena?
- Quando rompo um relacionamento amoroso, faço isso aos poucos ou o mais rápido possível?
- Sinto necessidade de controlar cada aspecto da minha vida, seja no trabalho, na família ou em um relacionamento afetivo?
- Consigo falar livremente sobre assuntos que me assustam ou incomodam?
- Sou uma pessoa que desperta admiração e respeito?

SUPER-RESILIENTE

Sair fortalecido de situações adversas influencia os eventos futuros que lhe possam despertar os mesmos sentimentos de frustração, tristeza, raiva ou desespero. Mas você reagirá de forma resiliente, sempre que se conscientizar de como superou a crise anterior; caso contrário, será presa dos percalços que virão.

Para criar resiliência, é necessária uma conscientização, que inclui dizer a si mesmo: "tenho tudo dentro de mim"; para reencontrar sua essência e sentir-se capaz de transformar tanto interna quanto externamente. Quando apaga a sua consciência, ante a situação de dor, você se contrai, o que faz com que se sinta vítima e se afunde na raiva, na ansiedade e na angústia, por um passado que já não existe. Se não acessar esse estado de consciência, ficará impedido de ampliar seu olhar para os cenários de transformação e transcendência.

> "A diferença entre um guerreiro e um ser comum é que o guerreiro é consciente, e uma de suas tarefas é estar alerta, esperando".
> **– CARLOS CASTANEDA**

A diferença entre empregar suas ferramentas pessoais para se converter em um ser resiliente e buscar ajuda especializada para sair do buraco emocional é a consciência que você tem da situação. É fundamental estar consciente, inclusive para admitir que não consegue lidar sozinho com determinado episódio e ser capaz de capitalizá-lo como experiência e aprendizagem.

OS DOIS FATORES INTERNOS

Quando percebi a necessidade de cuidar de mim mesmo e criar a resiliência? Em que momento comecei a ter consciência

TER CONSCIÊNCIA – A PORTA PARA A RECUPERAÇÃO

da minha situação e, consequentemente, agir? Quando viajei do México para os Estados Unidos, depois da ordem emitida pela Interpol.

Nas páginas anteriores narrei que, à época, considerava meu apartamento em Miami como um lugar temporário. Mas depois de comprar uma cama apropriada e me desfazer do colchão inflável em que dormia, e ao adquirir roupas novas e vasilhas modestas, comecei a me sentir em um lar.

Coisas simples, como uma cama ou um jogo de pratos, foram símbolos que trouxeram o aconchego de lar sob aquele teto. Insisto nesse episódio para lembrar que, às vezes, não consideramos o impacto das pequenas coisas e que, quando colocadas em lugares estratégicos, fazem uma enorme diferença em nossa vida. Um grão de areia na praia não importa, mas esse grão importa muito quando entra no seu olho.

E insisto também que tudo deve começar pela conscientização, que nos leva a identificar como lidamos com os percalços e que aspectos de nossa personalidade jogam a favor de nós ou contra. Para alcançar esse propósito, reconheça primeiro os elementos que atentam contra a sua capacidade resiliente: os apegos e o sabotador.

Aprenda a desapegar

Antes de continuar, quero esclarecer que sentir falta e nostalgia são emoções muito diferentes do apego. Uma das minhas maiores nostalgias são aquelas manhãs de domingo, quando eu me sentava à mesa, na casa da minha mãe, para saborear uma deliciosa panqueca, acompanhada de ovos mexidos com queijo e suco de laranja feito na hora. Essa lembrança me conecta com uma emoção. Mas não existe dor. Você também pode sentir falta de alguém e esse sentimento provoca uma efervescência nostálgica, dirigida não a uma vivência, mas a uma pessoa. Na nostalgia, não prevalece a necessidade nem a dependência, mas o vínculo emocional, com a lembrança de uma vivência. Mesmo sendo uma condição de sentir falta, é um processo neutro. No Brasil, a forma de expressar essa mesma condição é com a palavra: saudade.

O apego não. O apego é prejudicial, é como uma corda invisível, uma experiência do passado que o mantém amarrado emocionalmente a ela. Você traz essa lembrança para o presente e, nisso, existe dor, porque é a ausência que domina: "não quero me desprender de⋯", "tenho necessidade de⋯", "dependo de⋯". O apego o acorrenta ao passado e faz parte de várias etapas do processo de luto: é a negociação que faz consigo mesmo para ficar no ontem, aferrar-se ao que existia ali, mas agora acabou. Tem um benefício aparente ou um prêmio provisório por não ter que reconhecer a crise e que está tudo bem.

Uma coisa é resgatar e honrar o passado e outra é viver nele, sem se mover no presente e sem encarar o futuro. Os apegos dificultam o processo de resiliência por estarem associados a uma carga emocional negativa. Conectam com o vazio, com o papel de vítima e com a perda. Existem inúmeras emoções associadas aos apegos, porque, no fundo, os apegos estão vinculados à dependência, à necessidade e ao controle.

O apego se alastra e dificulta a superação da experiência ocorrida. Para ser resiliente, é necessário ser adaptável, flexível; soltar e fluir. Em razão de o apego ter atributos opostos aos da resiliência, ele não permite fluir.

Meu convite é para que tenha uma conversa consigo mesmo, baseada em suas experiências, para descobrir se existe apego aos processos de dor. Se, depois desse exercício, você descobrir um benefício aparente produzido por essa devoção às coisas negativas e identificar um padrão estabelecido decorrente dessas experiências, ligue os alertas.

Uma primeira recomendação para desapegar é ter as rédeas de sua vida. Reivindicar o seu território interno significa despertar, para observar e identificar os apegos. Estas são as ações:

TER CONSCIÊNCIA – A PORTA PARA A RECUPERAÇÃO

- Conscientizar-se de seu território interno e de sua capacidade resiliente.
- Aceitar a realidade.
- Começar a criar a nova realidade.

Soa como missão impossível quando essas pontas estão soltas. Mas construir resiliência é começar a escolher de quais assuntos do passado você deve se livrar e quais resgatar, para construir um novo presente no qual florescerão novas relações e formas de se vincular com as antigas amizades e com a família. Desapegar também significa entender que os relacionamentos se transformam e os hábitos mudam.

Assistir a outros filmes, visitar lugares diferentes, ler livros novos, ouvir outra música... tudo isso faz parte de se desapegar e compreender que você já não pode continuar preso a um passado no qual tinha um controle apenas aparente da sua vida. A resiliência leva a descobrir que, na verdade, você não exercia o domínio, mas estava submerso em uma zona de conforto. E, obviamente, cultiva apegos a pessoas, objetos ou lugares, para manter a sensação interna de conforto.

Só existem duas formas de desapegar: de maneira rápida ou lenta. A que me refiro? Se estiver terminando um relacionamento amoroso, bloqueie o contato da pessoa nas redes sociais que frequenta, jogue fora ou dê de presente os objetos que o fazem recordar-se dela, saia com novos amigos, empreenda projetos ambiciosos, enfim, posicione-se de forma otimista!

Lentamente implica seguir cada atividade que a outra pessoa fizer nas redes sociais, como foi seu café da manhã ou o que almoçou; buscar no fundo do armário os presentes que recebeu no dia dos namorados; frequentar os mesmos lugares que visitavam juntos. Desapegar lentamente é procrastinar o adeus definitivo.

É necessário desapegar o mais rápido possível, com amor e determinação. Se optar pela forma vagarosa, o sofrimento será maior e o processo de luto será prolongado.

A observação consciente permite se livrar rápido. Ela informa quando seus pensamentos se dirigem ao passado para se conectar com emoções desalentadoras. Com ela, você percebe a necessidade de movimentar sua energia para o próximo nível, a fim de explorar terrenos desconhecidos.

> "À medida que se reconcilia consigo mesmo, você libera energia criativa para focar a sua intenção". – **JOHN MORTON**

O sabotador

Muitos dos seus comportamentos limitantes se resumem no sabotador. Manifestam-se em atitudes e comportamentos como o autoengano, a ansiedade e a preocupação, além de emitir julgamentos contra os outros e contra si mesmo.

O sabotador também se faz presente quando você finge que está bem ou se conecta com a raiva, a dúvida, o medo ou o controle. Abundam os termos para catalogar essa parte que teima em colaborar para que duvide de suas capacidades:

- O tirano.
- O personagem limitante.
- O lado sombrio.
- A negatividade.

O sabotador tem a própria "personalidade" e intenções. Esse nosso lado sombrio procura, a todo momento, não aceitar a realidade e sustentar fantasias paralisantes. Até sussurra no ouvido, como essas caricaturas onde um diabinho fica sobre o ombro dizendo: "você não é bom", "não é suficiente", "não consegue nem é capaz".

TER CONSCIÊNCIA – A PORTA PARA A RECUPERAÇÃO

Essa forma sedutora de falar faz com que você mergulhe na negatividade e esqueça sua essência. Quando se deixa cativar por ele, você se reveste de negação, rejeição ou desânimo. Julga: "por que isso aconteceu comigo?" e vitimiza. É o sabotador que não lhe permite experimentar um novo paradigma?

Seu propósito é impedir a tomada de consciência, confundir e mantê-lo cativo nas barras dos comportamentos limitantes. Cada um de nossos pensamentos está permeado de crenças, lembranças e hábitos que não podem ser eliminados, mas podem ser desaprendidos para começar a gerenciar novos paradigmas. Nossa parcela sabotadora pessoal começa pelos pensamentos presentes que nos arrastam para as emoções negativas. E quando pensa que as coisas sairão mal, você se conecta com o medo, com a dúvida e com a desconfiança. E é assim que se programa para que as coisas saiam mal.

Confesso que minhas características sabotadoras mais marcantes são o medo do futuro e da escassez, a falta de confiança em minha capacidade criativa e a busca de aprovação e reconhecimento dos outros. A característica mais importante do meu personagem limitante também é a ilusão do controle. Por isso demorei tanto para me conscientizar da crise que vivi. Estava acostumado a ter controle sobre o meu trabalho, meus negócios, minhas viagens, minha casa e minha família.

Quando acontece a crise com o conglomerado de bancos, meu teto desaba e perco meu espaço, meu trabalho e meus negócios. Começo a depender, materialmente, de amigos e a viver em um quarto emprestado. Quando meu esquema de controle explode em pedaços, o falso ser inicia sua missão aniquiladora de instalar julgamentos em minha mente. Começo a dar-me por vencido. O sabotador me empurra para a espiral do desânimo ao conectar-me com o pior de mim, vendando-me os olhos para a possibilidade de ressurgir; mas, se eu estiver consciente, posso agradecer seus atos, que me permitem chegar ao fundo do poço para renascer.

Como se forma um sabotador?

O sabotador começa a morar em você desde a infância. A criança, que é uma espécie de esponja durante seu processo de formação da personalidade, vai aprendendo comportamentos dos pais e das pessoas, que funcionam como seus modelos e que estabelecem julgamentos ou rótulos para determinadas condutas. Se uma criança é introvertida, começam a rotulá-la como tímida e calada; se é expressiva, é rotulada como extrovertida e aberta.

Esses julgamentos que nos rotulam quando somos crianças formam uma capa em volta do *Eu sou*. E, já adultos, agimos em decorrência disso. Explicado graficamente, imagine um círculo cujo centro tem a seguinte frase destacada: *Eu sou*. E, em volta dele, outro círculo denominado *Comportamentos*:

Imagem que eu projeto

Comportamentos

Eu sou (essência)

Esses comportamentos, alguns positivos e outros limitantes, são aprendidos na infância para, depois, serem reproduzidos e validados ao longo da vida. Ao repeti-los insistentemente, são integrados à nossa personalidade. Nós os repetimos tanto que chegamos a nos convencer de que somos esses comportamentos e até a confundi-los com o *Eu sou*.

TER CONSCIÊNCIA – A PORTA PARA A RECUPERAÇÃO

Como um *software* de computador, os pensamentos constantes criam uma programação em nosso *disco mental* que, com o tempo, se transforma em paradigmas. As experiências desafiadoras validarão esses pensamentos, até o ancorarem nessa forma predeterminada de pensar, sentir e agir: se você acredita que é desajeitado, agirá como tal. Se acha que é tímido, ao chegar a um evento social (se é que decide ir!), irá direto para um lugar mais isolado no salão. Depois, ao crescer e não querer que seus comportamentos o representem, você começa a projetar uma imagem falsa, de representação, ou que representa falsamente o seu ser.

Em minha infância, escutei muitas vezes que eu era tímido, que sentia vergonha de me expor na sala de aula, de falar em público e de expressar minhas emoções. Repeti tanto esses comportamentos que, em um momento, assumi que faziam parte de mim. Eu realmente era essa conduta? Não. Somos muito mais que uma conduta, uma reação ou um resultado. Somos essência.

Desejamos nos livrar de comportamentos autodestrutivos, mas insistimos em nos mover de um comportamento destrutivo a outro. Isso não é resiliência, pois não existe conscientização nem ação corretiva nisso. Viciamos nas frases limitantes, na culpa, na manipulação, no controle e em buscar constante aprovação. Enquanto estivermos enganchados nesse "vício", estaremos de mãos atadas para nos conscientizarmos de nossa essência. É quando o sabotador, ou personagem limitante, esfrega as mãos para atacar e escravizar nossos pensamentos, emoções e ações.

RECONHEÇA SEU SABOTADOR

Quais as mensagens que esse inimigo interno envia nas situações em que preciso ser resiliente e me levantar? Como funciona esse processo limitante? Aqui entram em jogo os aspectos do sabotador, que o afastam da sua essência:

- Julgamentos.
- Autoengano.
- Ansiedade.
- Medo.
- Controle.

Julgamentos

É difícil admitir, mas julgar os outros, às vezes, nos faz sentir bem. Por quê? Quando julga outra pessoa, você a coloca em uma escala inferior àquela que você ocupa mentalmente e, obviamente, achar-se superior infla o ego e reconforta. Ao contrário, quando você entra em crise ou situação de perda e não pode julgar os outros, pois supõe que estão em posição privilegiada com relação à sua, direciona o julgamento contra si mesmo e começa a se diminuir em comparação ao resto do mundo. É o início da perda da essência. Neste ponto, você decreta contra si mesmo e contra o que o rodeia: "minha vida é assim", "esta empresa não serve", "eu não consigo".

Chega, inclusive, a se sentir "inadequado" quando percebe que "os outros" têm sucesso, enquanto você permanece no poço. Rejeita a si mesmo e o que acontece à sua volta, sentimentos comuns durante o processo de luto; opta por se distrair com o placebo de buscar externamente aquilo que precisa encontrar internamente.

Durante a minha crise, demorei a ativar minha força resiliente, porque tentava conseguir do lado de fora o que não acontecia do lado de dentro. O que fiz durante os primeiros meses no México? Procurei trabalho, comecei a fazer *coaching* e consultorias, tentei, atropeladamente, recuperar o *status* perdido··· como se tentasse recuperar a vida confortável que eu tinha na Venezuela. Mas era uma busca mais externa, com uma abordagem do comportamento, não da essência.

TER CONSCIÊNCIA – A PORTA PARA A RECUPERAÇÃO

Empreender o processo do perdão a si mesmo, feito pelo ego, pelo lado externo, não é o mesmo que perceber que poderia ter agido de maneira diferente e ter posto em prática as ações necessárias para me realinhar internamente. Por isso precisei chegar ao fundo do poço para me conscientizar.

Quando chega ao fundo e descobre o que criou, provocou e permitiu, você se conecta com seu ser verdadeiro e começa a recuperar o ser humano, que agora está disposto a aprender e a agir. E, ao reformular as atitudes com base na sua essência, a conscientização se aprofunda e você reassume o volante da sua existência.

Autoengano

O estudioso norte-americano Robert Trivers, licenciado em história e doutor em biologia pela Universidade de Harvard, em sua teoria do autoengano, define este fenômeno como o ato de mentir para si mesmo e desprezar a informação verdadeira. E quando a verdade é relegada, ela vai para o inconsciente, e a mentira fica no consciente, expõe Trivers — a mentira passa a ser aceita como verdade, tanto para quem a exerce quanto para as outras pessoas. Essa parte negativa, ou sabotadora, mantém uma situação de autoengano, como se a realidade "não estivesse acontecendo", e como se fosse possível "voltar ao passado".

É muito sedutor pensar que nada de ruim aconteceu, pois "fingir dói menos". No entanto, podemos mentir para nós mesmos e para os outros durante algum tempo, um dia ou uma semana talvez, mas não a vida inteira.

Todos nós tendemos a mostrar uma imagem, um símbolo ou uma representação de nós mesmos, porque passamos parte da vida ziguezagueando entre nossa essência e os comportamentos limitantes: as pessoas fingem para projetar aquilo que se espera delas. "Como vão as coisas no escritório?", "Muito bem", respondemos, ainda que odiemos nosso trabalho. Ou perguntam: "Como está o seu relacionamento?", "Excelente!", Ainda que esteja a um passo do término.

Ansiedade

O sabotador afunda você na ansiedade, que não passa de desassossego, inquietação ou medo, produtos de uma situação difícil — real ou imaginária. Afloram outras facetas, como a manipulação, a mentira, a conexão com a raiva e a impaciência.

Medo

Definido como sensação provocada pela percepção de um perigo real ou imaginário, o medo é uma ilusão produzida pelos pensamentos, embora o experimentemos de forma real.

Faça a prova: atreva-se a sair da sua zona de conforto e olhar para trás. Você perceberá que aquele nervosismo que sentia, antes de encarar um desafio, era apenas miragem. Podemos classificar o medo em duas categorias, e ainda que pareça simplório, quero mostrar assim: existe o "medo ruim" e o "medo bom".

O primeiro paralisa e bloqueia. É possível que se dê por vencido, porque ele o força a olhar o desafio como uma prova superior às suas capacidades. E, se duvida de suas capacidades, as expectativas sobre si mesmo são sempre muito baixas. Você estanca. No extremo oposto, e positivo, o medo bom é uma emoção vibrante antes de se arriscar.

Aprendi a lidar com o medo fazendo dele um aliado. Levei anos para adquirir essa consciência. Antes eu duvidava ser capaz de superar os desafios. Vacilava e paralisava. Não me expunha nem me desafiava. Como expliquei antes, quando criança, adotei a crença de ser uma pessoa tímida e pouco comunicativa.

TER CONSCIÊNCIA – A PORTA PARA A RECUPERAÇÃO

Quando cresci, transformei a crença em comportamento e, por muito tempo, ficava nervoso quando tinha que falar em público. No entanto, decidi incorporar um novo esquema mental e mudar minhas crenças. Desafiei-me e enfrentei o medo ruim, para convertê-lo em medo bom.

Inscrevi-me para ser facilitador dos Seminários Insight®. Quando consegui mudar essa crença, agi em direção ao que desejava alcançar. Obriguei-me a assumir essa meta. Hoje, falar para um auditório é uma atividade que me satisfaz, porque coloquei em minha mente que estar diante de um público é prazeroso. Transformei o medo em aliado.

Sua parte limitante, ou o sabotador, conecta com a raiva e o medo, e embora a sensação que gera possa ser física, o medo é uma fantasia negativa, uma ilusão. Quando o medo ruim o invadir, pergunte-se o que já conseguiu realizar no passado. Eu fiz isso. No meu pior momento, disse a mim mesmo: "Eu venho de um lugar humilde. O que consegui? Estudei engenharia mecânica em uma universidade pública, a melhor do meu país na área; consegui, com meus esforços, uma bolsa de estudos, desde os 16 anos até me formar. Comecei a trabalhar, fiz pós-graduação. Rompi os padrões familiares. Fui bem-sucedido como profissional, como *coach*, como empreendedor". Contudo, conscientizar-me das realizações passadas não foi produto de uma perspectiva externa, mas das qualidades internas.

Você também pode se reconectar com suas conquistas, disciplina, perseverança, amor, desapego, compromisso e fortaleza nas dificuldades para seguir em frente. É assim que se conscientizará dos valores e das qualidades que desenvolveu para superar o medo. Esse é o caminho de reconciliação com seu lado perseverante.

Controle

A necessidade de controlar nos leva a querer trazer o passado de volta. Da mesma forma que o medo, a necessidade de controle é uma invenção da mente, pois, em verdade, dominamos pouquíssimas coisas neste mundo. Mas o sabotador nos distancia dessa verdade. Faz você supor que tem o controle, porque recebe o benefício aparente da autossatisfação, do ego, do poder gerado por uma suposta autoridade sobre as coisas. E com esse benefício aparente e satisfatório, continuamos a repetir o mesmo esquema.

Inclusive, você começa a procurar agentes externos que reforcem a sensação de segurança. Por isso aceitei o cargo no banco: representava dinheiro e melhor posição social. Mas, no fundo, era um trabalho alheio à minha essência. Essa busca externa é insaciável, um saco sem fundo. É a busca de aprovação dos outros. Mas essa ânsia nunca é satisfeita, pois o que realmente a preenche é a sua própria aprovação.

Quando um processo de luto ou uma experiência desafiadora se apresenta, é preciso "voltar ao lar", o que significa retomar suas qualidades primevas. Caso contrário, se não se centrar na essência, você começa a se agarrar às aparências e aos símbolos externos. Se a busca de aprovação e controle o dominam (o medo, a raiva ou outro comportamento do sabotador), não será possível recuperar sua essência.

MEÇA SUA CAPACIDADE DE RESILIÊNCIA

Tendo esclarecido o tema sobre o apego e o sabotador, agora, meu convite é para que estude suas qualidades resilientes, a fim de identificar as fortalezas e fragilidades que devem ser confrontadas. O primeiro passo é responder às próximas 15 perguntas divididas em 4 categorias:

TER CONSCIÊNCIA – A PORTA PARA A RECUPERAÇÃO

EU TENHO

Este *Eu tenho* se relaciona com as pessoas que estão à sua volta. A pergunta é: "Tenho pessoas confiáveis, que gostam de mim, incondicionalmente, à minha volta?". Revise as seguintes perguntas:

	SIM	NÃO
1. Eu tenho pessoas que coloquem limites para mim?		
2. Eu tenho pessoas que me mostram uma forma correta de agir?		
3. Eu tenho pessoas que me incentivem a aprender e a me desenvolver sozinho ou a assimilar uma lição daquilo que me acontece?		
4. Eu tenho pessoas que podem me apoiar quando eu estiver doente ou em perigo ou quando eu precisar perguntar algo?		

EU CONSIGO

O *Eu consigo* revela as qualidades e as capacidades pessoais necessárias para encarar os desafios:

	SIM	NÃO
5. Eu consigo falar de mim mesmo sobre as coisas que me assustam ou inquietam?		
6. Eu consigo encontrar um jeito de resolver os problemas sozinho?		

SUPER-RESILIENTE

	SIM	NÃO
7. Eu consigo me controlar quando tenho vontade de fazer algo perigoso ou que não parece correto?		
8. Eu consigo encontrar o momento adequado para dialogar com alguém ou para agir?		
9. Eu consigo encontrar alguém que possa me ajudar quando for necessário?		

EU SOU

O *Eu sou* expressa os elementos que estimulam sua força interior. Para identificar seu sabotador, é necessário que identifique as qualidades essenciais que estão presentes desde que você nasceu: a capacidade de pesquisar, a iniciativa, o entusiasmo, a criatividade, a afeição, a transparência e a sinceridade.

	SIM	NÃO
10. Eu sou uma pessoa apreciada pelos outros?		
11. Eu fico feliz quando faço algo de bom pelos outros?		
12. Eu respeito a mim mesmo e ao próximo?		

EU ESTOU

Se pensarmos em inglês, o verbo *to be* significa "ser" e "estar"; mas, em espanhol (e em português), "ser" é diferente de "estar". Então, responda às perguntas-chave para identificar sua resiliência:

	SIM	NÃO
13. Eu estou disposto a me responsabilizar pelos meus atos?		
14. Eu tenho certeza de que tudo vai dar certo, isto é, eu confio em algo maior que me apoia?		
15. Eu estou disposto a receber *feedback* negativo e a seguir a minha intuição?		

Se respondeu afirmativamente, pelo menos, a dez das perguntas, você pode se assumir como alguém resiliente!

Claro que é impossível externar todas e cada uma dessas qualidades, como se fosse uma coleção de selos. Mas este é um excelente mapa de navegação para detectar as zonas nas quais você está bem equipado e as que necessitam de atenção para afinar sua capacidade de resiliência.

PENSAMENTO CRÍTICO: AUTORRECONHECIMENTO

Você já subiu em um trem e logo depois percebeu que pegou o veículo errado, que não o levará ao seu destino? Assim funcionam nossos pensamentos. Na vida, pegamos o trem errado todos os dias. É como se, na estação ferroviária da nossa mente, corressem centenas de pequenos clones de nós mesmos, buscando um trem para pegar.

SUPER-RESILIENTE

Muitos entram em trens errados, por não saberem aonde ir. Já dentro, o trem vai tão rápido que você não consegue descer. Se encontrasse o freio de emergência, você o utilizaria para parar o trem e pegar o trem correto? Esse freio é o autorreconhecimento!

Você nunca desfrutará de uma existência plena se não identificar com clareza a direção de sua viagem. Os valores pessoais são os que determinam a direção de nossa vida. As metas são os destinos ao longo dessa trajetória. Como você deseja ser lembrado em sua vida? Como alguém que se regenera e conquista seus resultados, ou como alguém que anda perdido, de trem em trem?

Sua mente pode te colocar em palpos de aranha. Não a leve muito a sério, ela está apenas fazendo o trabalho dela: produzir pensamentos. Em suas mãos, está a liberdade de escolher o vagão de pensamentos em que vai subir. Quando os pensamentos negativos invadirem, pergunte se suas reflexões desalentadoras ajudam a chegar a seu destino.

Autorreconhecimento é a conexão com seu *Eu sou*. Esse processo requer olhar para dentro de si, especialmente quando ficou muito tempo atento ao que acontece do lado de fora. É começar a formar um pensamento crítico de si mesmo. Com o termo *crítico*, não me refiro a julgamento, mas ao exame detalhado de suas possibilidades frente aos resultados e alternativas. O pensamento crítico se transforma em negatividade quando você coloca a emoção nele. Busque ser neutro e observe objetivamente, para transformar as possibilidades.

O sabotador impede que você tome o caminho realista e o desvia, seja para a negatividade ou o contrário, o que é, da mesma forma, contraproducente ao positivismo, ao ultraje. Pois o excesso de pensamento positivo leva a achar que tudo está perfeito.

Claro que você deve ser positivo, mas em lugar de impor decretos definitivos do tipo: "vou conseguir" ou "alcançarei", afirme: "estou me aproximando da meta, estou atento". Com o pensamento crítico, é possível identificar de maneira realista o seu objetivo e se concentrar nele.

TER CONSCIÊNCIA – A PORTA PARA A RECUPERAÇÃO

CONTRA OS FANTASMAS DO PASSADO

Existem ocasiões em que não nos recuperamos, por usarmos um olhar negativo para avaliar a crise. Como um fantasma do passado que volta para continuar nos assombrando, esta não é uma experiência que serve para nos elevar. São as duas caras da mesma moeda — é você quem escolhe qual adotar.

Se não elimina os fantasmas do passado e continua preso na negatividade das experiências anteriores, você consome energias; a vivência desastrosa não será um ponto de referência para avançar. Depois de passar por uma experiência que não funcionou, o que fazer para reescrever as histórias futuras? Por mais paradoxal que pareça, convido você a abraçar suas sombras.

Por que abraçar algo ruim? Porque é um aspecto limitante, dentro de você, que precisa ser desmontado, e entrar em sua parte sombria o ajudará a se conscientizar e a se realinhar com a sua essência.

- "Nunca mais farei negócios com outras pessoas, todos os sócios que tive me enganaram".
- "Não me relacionarei com mais ninguém, porque sempre são infiéis".
- "Apesar de não gostar, continuo neste trabalho, pois *quebrei a cara* quando decidi empreender".

Essas são algumas das muitas crenças limitantes que acabam asfixiando suas qualidades e habilidades para superar. Se você escuta essa voz massacrando-o negativamente, o tempo todo, agirá como ela determina. O propósito é reconhecer esse sabotador interno e finalizar ou interromper esse jogo.

A conscientização é um caminho para o seu interior, no qual se encontrará com o sabotador interno. Coloque a lupa sobre esse falso ser que mora aí dentro, contraste-o com seu ser verdadeiro. Entrego como um presente o lindo poema da jovem escritora espanhola Elvira Sastre, que inspira a alcançar esse propósito:

SUPER-RESILIENTE

> Não chame de covarde alguém
> que esteja com medo,
> Apenas abrace-o e diga-lhe que,
> à revelia de tudo, os monstros existem até
> o momento que lhes dê nomes:
> só os corajosos fazem isso.

Você é muito maior que suas limitações. Quando se conecta com sua capacidade de ser resiliente, você se vincula com sua essência e não com seus comportamentos, o que abre as portas para ressurgir, empoderar-se e encontrar sua fortaleza. Reconhecer-se é a chave e requer esforço. Ninguém disse que seria simples.

MEDITE PARA DESPERTAR SEU OBSERVADOR NEUTRO

As pessoas pulam, automaticamente, quando veem um inseto se aproximando. Nem sequer pensam. O mesmo acontece quando os pensamentos desagradáveis aparecem: agem negativamente. Mas imagine se, quando o inseto dos pensamentos negativos se aproximar, você apenas observar. Com esse exercício de observação, você determinará calmamente como reagir, sem drenar suas energias.

A observação neutra é uma qualidade-chave para o autorreconhecimento. Durante o processo de conscientização, a mente voa em diferentes direções: temos recordações, ideias boas e ruins são construídas, além de juízos de valor. O primeiro propósito do observador interno é o de trazer para o presente; assim, os pensamentos param de rodar em círculos feito um carrossel que mistura passado e futuro.

A desordem dos pensamentos e das emoções dispersa sua energia. Liderar sua crise e se reconhecer promovem a observação

TER CONSCIÊNCIA – A PORTA PARA A RECUPERAÇÃO

neutra dessa dispersão de pensamentos e emoções para focar seu ímpeto na direção correta.

Uma das primeiras ações para resolver o caos em que vive é observar. Observando sua mente, você identificará melhor o que o incomoda. É uma afirmação do seu espaço interno. Ser observador neutro de si mesmo fará com que aprecie a realidade de maneira diferente e que encontre soluções. Você também vai começar a identificar comportamentos que precisam ser alinhados.

Essa torre de vigia, para se observar, é construída com meditação e contemplação. Mas não é preciso se colocar em postura especial ou sentar-se em uma poltrona no escuro, para fazer uma observação neutra. Simplesmente observe, medite e contemple.

Feche os olhos e olhe dentro de si. Explore as características limitantes que o sabotam e tome consciência delas. Explore a realidade presente. Observe que o passado não existe, "já não está mais aqui".

Quando esse sabotador interno falar com você, reconheça que se trata *dele*, não é a sua essência verdadeira. Isso permitirá que se eleve e observe como esse aspecto limitante se expressa: "Não sou capaz"; "Não conseguirei"; "A culpa é dos outros"; "Fique onde está"; "Procure solução lá fora".

Assuma este processo com serenidade: ser o observador neutro é um processo tranquilo de espera e alerta. Nenhum caçador coloca uma armadilha enquanto a presa observa. O sabotador que habita dentro de você tentará prendê-lo em pensamentos e emoções negativas, mas, se permanecer em estado de observação neutra, estará suficientemente alerta para encontrar a negatividade.

Os julgamentos são as lentes usadas pelo sabotador. Mas, quando você permanece na observação neutra, em uma atitude que possibilite contemplar desde um lugar elevado internamente, começa a recuperar o seu olhar genuíno, como se estivesse estreando lentes novas. A observação neutra não julga, e sim manifesta-se na capacidade de dizer a si mesmo "estou em negatividade" ou "estou me julgando neste momento".

Quando empreende esse processo de meditação, você começa a descobrir seus "vícios". A tomada de consciência requer uma ruptura com a rotina de seus comportamentos, para mudar o ponto de foco. Assim como mantém rotinas diárias — levantar-se da cama, colocar os pés no chão, ir ao banheiro, escovar os dentes —, os comportamentos posteriores a estes também fazem parte do seu cotidiano. Mas imagine que, um dia, você decida não se levantar pelo lado direito da cama, mas pelo esquerdo. Seria fantástico! Você pode fazer o mesmo com os comportamentos limitantes do seu dia a dia.

FAÇA UM DIAGNÓSTICO DO SEU HOJE COM A RODA DA VIDA

Quando se concentra em uma crise, você pode perder o controle de outros aspectos da sua vida que estão bem. Explico: é possível que tenha um excelente relacionamento com seu parceiro e seus filhos e, portanto, sua área familiar está em harmonia; mas ao perder o emprego, a crise laboral afeta o relacionamento com os seres queridos, e o conjunto de sua vida se desajusta por completo. Você se desequilibra e, consequentemente, sua existência, como um todo, também desequilibra.

O exercício *roda da vida* é ideal para avaliar quais aspectos da vida se encontram estáveis e quais podem ser melhorados. É um esquema citado por Stephen Covey, escritor, conferencista, professor norte-americano e autor do *best-seller Os 7 hábitos das pessoas altamente eficazes*. Seu propósito é determinar quais elementos de sua vida funcionam e quais se encontram fragilizados, para trabalhar neles:

TER CONSCIÊNCIA – A PORTA PARA A RECUPERAÇÃO

Roda da vida

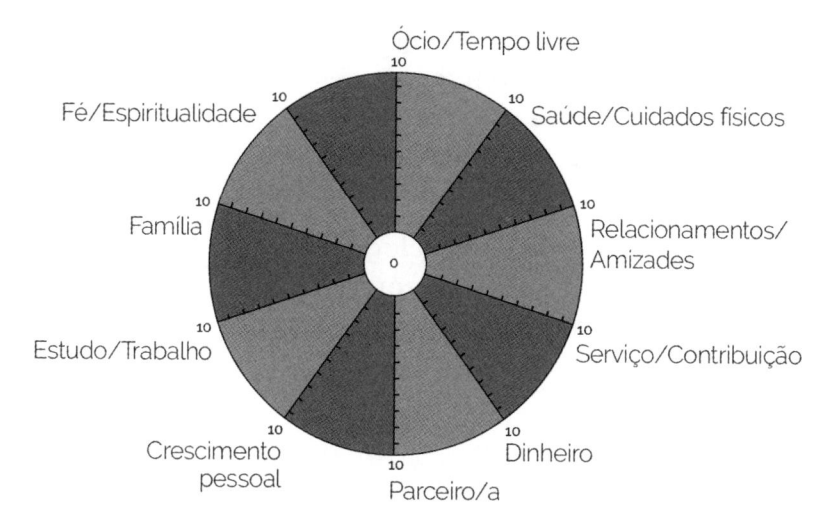

- Ócio/Tempo livre
- Saúde/Cuidados físicos
- Relacionamentos/Amizades
- Serviço/Contribuição
- Dinheiro
- Parceiro/a
- Crescimento pessoal
- Estudo/Trabalho
- Família
- Fé/Espiritualidade

Muitos de nós, *coaches*, utilizamos esse método para diagnosticar. Ele consiste em um círculo, cujos radiais apontam uma área específica da vida: saúde, crescimento pessoal, trabalho, família, dinheiro, amigos, relação amorosa e o aspecto espiritual. Os radiais, traçados desde o centro da roda até alcançarem o limite do círculo, representam pontuações de 1 a 10 para designar cada área.

Depois da pontuação, você deverá unir, com uma linha, os pontos que marcou nos radiais e formar uma figura. O ideal é que seus pontos formem uma roda. Entretanto, se a figura gerada for muito irregular, atente-se para os pontos com menor qualificação, isto é, aqueles mais próximos do centro. As áreas em desequilíbrio podem arruinar o resto da sua existência.

Se eu praticar esse exercício no presente momento, verei que minha área de crescimento pessoal está em excelente estado — participo de cursos, leio e consulto um *coach* que me ajuda a superar obstáculos internos. Talvez não obtenha um 10 nessa área, mas alcanço um 9. Quanto ao trabalho, eu marcaria um 6, pois ainda não concretizei alguns projetos profissionais e estou sobrecarregado de trabalho. Na área familiar, apesar de meus

SUPER-RESILIENTE

parentes viverem em outro país, mantenho um relacionamento harmonioso e nos comunicamos virtualmente (a roda da vida não determina que esteja o tempo todo com sua família, mas que seja compartilhado um tempo de qualidade, que revele a importância dessa área e quais ações você põe em prática para que estejam mais comprometidos). Para esse aspecto, eu me daria um 8, e assim continuo, até completá-la.

Sugiro traçar a roda da vida logo que passar a crise; conscientize-se da sua realidade no presente. Depois de fazer seu desenho, que obviamente não será completamente redondo, a menos que você tenha uma vida perfeita, o que fazer com ele? Sugiro o seguinte:

1. Reflita — para produzir ideias que equilibrem a roda. Em seguida, tome decisões para recuperar esse equilíbrio.

2. Certifique-se de que sua decisão esteja alinhada com seu propósito. Pense no impacto que essas decisões terão no seu dia a dia, se elas acrescentam ou subtraem.

3. Crie uma meta específica para os aspectos que quer equilibrar na sua roda. Avalie a emoção, a dificuldade e o impacto dessa meta.

4. Agora, comece a agir em consonância com a decisão tomada!

5. Para tomar um impulso, visualize os benefícios que obterá se alcançar a meta.

CAPÍTULO 05

Assuma a responsabilidade: o poder está em você

Quando responsabiliza os outros pela sua crise, você está abandonando seu poder. Abandonar seu poder, não se encarregar de sua vida, dificulta a superação dos obstáculos.

> "Ao deparar-se com um muro, não retorne nem se renda. Verifique como pode escalá-lo, atravessá-lo ou contorná-lo".
> **— MICHAEL JORDAN**

PERGUNTE-SE:

- Tomo consciência da minha responsabilidade em uma situação difícil?
- Reconheço a minha habilidade para modificar as situações adversas?
- Fujo das responsabilidades?
- Realizo ações corretivas frente aos contratempos?
- Sinto-me culpado ou culpo os outros quando uma crise se inicia?

SUPER-RESILIENTE

Uma tia passou dez anos em terapia com um psicanalista para concluir que sua mãe era a culpada pelos seus problemas existenciais.

E eu me pergunto: de que serve passar uma década sobre o divã de um terapeuta para, finalmente, responsabilizar outra pessoa? Essa foi a maneira que minha tia encontrou para fugir do compromisso consigo mesma e para não tomar decisões corretivas.

Todos nós corremos o risco de cair nesse jogo de culpas. Eu aceitei ser vice-presidente de planejamento na Uno Valores, depois assumi um cargo no Conselho de Administração do Banco del Sol, sem ter experiência na área. Embora eu não tenha provocado nada do que aconteceu, graças ao meu desconhecimento e ingenuidade, permiti que acontecessem muitas coisas que estavam fora do meu raio de compreensão. Depois, tive duas oportunidades em que eu poderia renunciar. Não o fiz. Ficar foi minha escolha.

> "O preço da grandeza é a responsabilidade".
> — **WINSTON CHURCHILL**

Em decorrência da crise desencadeada, Tomás Vásquez, proprietário das instituições financeiras mencionadas, provocava em mim sentimentos conflituosos: antes de ter consciência, eu o responsabilizava pelo que tinha acontecido comigo. Mas ele não era o responsável. Eu sou um adulto com liberdade de escolha. Minhas decisões foram as responsáveis pelo ocorrido. Quando se atravessa uma crise, é tentador culpar os outros, o ambiente ou a situação do país. Mas estar objetivamente consciente abre seus olhos e lhe possibilita admitir a sua responsabilidade.

Depois de me reconciliar com essa verdade, concentrei-me na aprendizagem e no agradecimento a Tomás, por me alertar sobre a acusação judicial, por me ajudar a sair da Venezuela e, depois, a sair do México, em virtude da medida da Interpol, além de contatar os advogados que se encarregaram do meu trâmite de asilo nos Estados Unidos.

ASSUMA A RESPONSABILIDADE: O PODER ESTÁ EM VOCÊ

Mas assumir a responsabilidade não aconteceu por graça divina: foi um resultado que veio muito depois, quando atravessei o processo de perda, a espiral do desânimo e o que passo a explicar nas linhas seguintes: a dinâmica da responsabilidade. Estas são as fases pelas quais devemos passar, antes de corrigir as ações para superar, definitivamente, uma crise.

RESPONSABILIDADE

Os Seminários Insight® me ancoraram em um dos conceitos que tiveram maior impacto em minha vida: a brecha que existe entre o que é a responsabilidade e o que minha mente interpreta como responsabilidade. A responsabilidade implica movimento e energia. Não é estática. É um processo de transformação integrado por três fases:

3. Empreender as ações corretivas e preventivas
2. Reconhecer que possui a habilidade para mudar
1. Ter consciência de que você é o responsável pela situação crítica

1. Ter consciência de que você é o responsável pela situação crítica.
2. Reconhecer que possui a habilidade para mudar.
3. Empreender as ações corretivas e preventivas.

SUPER-RESILIENTE

Ter consciência de sua responsabilidade

Esta fase está relacionada com a conscientização descrita no capítulo anterior: estar consciente da sua responsabilidade é reconhecer onde e quando você criou ou permitiu o que aconteceu. Mesmo sendo acontecimentos cujas causas escapam ao seu controle, por exemplo, a morte de um ser querido ou uma catástrofe natural, você não está isento de assumir a responsabilidade para agir assertivamente ante o fato inesperado.

Não se responsabilizar leva à vitimização. Se você não assume as rédeas da sua vida e pensa que o dever das pessoas que o rodeiam é cuidar de você, está preso ao papel de vítima. Ser consciente de sua responsabilidade é encarregar-se dos seus pensamentos, emoções, ações, além dos relacionamentos com as outras pessoas. O que o impede de ter consciência da sua responsabilidade em um evento trágico? Posso lhe mostrar:

- Não viver o processo do luto.
- Não colocar em prática os ensinamentos produzidos pela experiência.
- Manter a raiva e a dor como justificativas de uma atitude errada.
- Os preconceitos que nos fazem supor que, independentemente do que fizermos, as situações e as pessoas serão negativas.
- Manter os benefícios aparentes do afeto e do apoio incondicional das pessoas.

> "Meus heróis são aqueles que erraram, consertaram e se recuperaram". – **BONO**

ASSUMA A RESPONSABILIDADE: O PODER ESTÁ EM VOCÊ

Reconhecer sua habilidade para mudar a situação

Você deve reconhecer que tem os recursos para lidar com as perdas. Por exemplo, se o seu trabalho o incomoda, transforme essa situação, seja mudando sua atitude com o chefe ou aceitando que precisa continuar ali para se manter economicamente. Ou procure outro trabalho.

Agir de forma preventiva ou corretiva

A tomada de consciência é a metade do caminho: em seguida, é necessário agir preventivamente (antecipar a crise) ou corrigir (logo depois que ocorre a crise). Mas muitas pessoas não agem, por medo de piorar a crise ou de experimentar mais dor, preocupação ou estresse.

A evasão pode se manifestar de três maneiras. Na evasão passiva, são reconhecidas as consequências de uma situação, mas as ações corretivas não são postas em prática. A segunda é fugir. A terceira evasão consiste em lutar, mas, se a luta não for assertiva, a crise pode aumentar. A opção correta é envolver-se na situação, reconhecer a responsabilidade, escolher as ações a serem executadas e, depois, aprender a lição ofertada pelos acontecimentos, para lidar com crises futuras. Isso é fluir conscientemente.

Opções sempre existem. Não só do lado de fora, mas dentro de você. Sempre há um lugar onde sentir-se melhor. Mas você tem que se mover, sair da zona de conforto, superar os bloqueios e os paradigmas.

> "Grande parte da vida é composta de sonhos. É necessário uni-los com a ação".
> **– ANAÏS NIN**

NÃO É SENTIR CULPA

A cultura judaico-cristã é o conjunto de influências religiosas e culturais que agrupa valores e tradições judaicas e cristãs que dão forma a muitas crenças do mundo ocidental. Dessa cultura, provem a maioria dos princípios que governam nossas crenças. Dentre esses princípios, a culpa exerce um papel protagonista: desde pequenos, ensinam-nos a sentir culpa.

Os especialistas no tema definem a culpa como um efeito doloroso que surge da crença ou da sensação de ter violado as normas éticas pessoais ou sociais do "eu deveria". Vivemos em uma sociedade na qual sentir-se culpado é visto com bons olhos, porque quem sente culpa são "pessoas boas". Por isso, na liturgia católica, o *mea culpa* é repetido três vezes, e muitos vão à igreja para que Deus os perdoe.

Se focar o fato de que cometeu um erro, você começará a se sentir culpado, mas é preciso lembrar, inclusive, que mesmo tendo sido um erro que desencadeou uma crise, certamente outros fatores, alheios à sua vontade, ocorreram para que essa situação adversa desatasse. Concentrar-se na culpa o libera de obrigações e o mantém em estado negativo. Em outras palavras, culpabilidade é a "habilidade de sentir culpa".

Culpabilidade

Culpa-bilidade

Habilidade de sentir culpa

No lado oposto dessa palavra, brilha o termo responsabilidade. Derivado do latim: *responsum*, significa responder. Este é o sentido que devemos atribuir ao *ser responsável*: não é se sentir culpado por uma situação, mas encarregar-se da solução. Em outras palavras, a responsabilidade é a habilidade de responder.

ASSUMA A RESPONSABILIDADE: O PODER ESTÁ EM VOCÊ

Responsabilidade
Respons-abilidade
Habilidade de dar respostas

Desculpar-se não é assumir a responsabilidade. Pedir desculpas é necessário, mas não suficiente. Com o pedido de desculpas, você assume apenas sua carga parcial. Expressar-se a quem você acredita que fez mal, dizendo "desculpe-me pelo que fiz", não é o mesmo que corrigir seu comportamento, executando uma ação corretiva consigo mesmo e com os outros. Lembre-se: a melhor desculpa é a ação corretiva. Para se responsabilizar completamente, proceda nessa situação com ações corretivas e eficazes, para si mesmo e para os demais envolvidos.

A TÉCNICA DAS TRÊS LENTES

As três lentes são uma ferramenta de autoconhecimento, baseada na arte da fotografia, que pode ser aplicada a si mesmo quando se bloqueia. O propósito é se conscientizar, para começar a assumir a responsabilidade como consequência. Ela consiste em identificar as diferentes perspectivas de uma situação, a partir de três tipos de aproximação visual: a lente de longo alcance, a lente grande angular e a lente invertida.

Lente de longo alcance

É uma visão do futuro. Quem aplica a técnica da lente de longo alcance formula uma série de perguntas que buscam ampliar, de dois a cinco anos, a perspectiva da situação atual. Você pode aplicar essa técnica a si mesmo.

SUPER-RESILIENTE

Recomendo utilizar a lente de longo alcance na fase do desalento, a fim de começar a olhar para fora e de frente para o futuro, em vez de se concentrar no negativo do presente. Para isso, pergunte-se como você se vê dentro de cinco anos e se, passado esse período, você se visualiza preso na crise atual ou já a superou.

Certamente se perceberá mais tranquilo e em paz, no comando e consciente. A lente de longo alcance permite entender que sua crise atual não é estática nem eterna, e é fundamental para propiciar o discernimento de que, se você assumir a responsabilidade com ações corretivas adequadas, com o tempo, as coisas melhorarão.

Muitos dos problemas que você enfrentou, há anos, já não estão presentes dentro de você. Por quê? Porque você os superou! Portanto, quando aplicar a lente de longo alcance, vai entender que, em cinco anos, muitas das contrariedades que hoje o angustiam já não o afetarão. Haverá outras situações desafiadoras, claro, mas, à medida que as supera, sua capacidade de resiliência também crescerá.

O tempo amadurece, estabiliza e o posiciona. Se suas ações forem apropriadas, os assuntos alterados se alinharão progressivamente. Mas, para quem está acostumado ao imediatismo produzido pelo controle, será difícil reconhecer que situações, problemas ou perdas precisam de tempo. Aconteceu comigo depois do problema do banco, quando passei a ser perseguido e tive que me exilar nos Estados Unidos.

Em meio àquela crise, meu padrasto, Ciro Sosa, que foi parte importante da minha criação, disse: "Jacques, você está acostumado a sempre ganhar corridas de 100 metros. Mas esse desafio que está vivendo é uma maratona de 42 quilômetros". Foi o melhor conselho que eu poderia ter recebido, ainda que naquele momento eu não entendesse, porque ainda estava submerso em uma atitude controladora e de resistência.

Parte da minha vulnerabilidade se nutria com o pensamento de que a vida é fácil. Dos 26 aos 39 anos, não parei de "ter sucesso", de acordo com o meu sistema de crenças. Nas corridas curtas, a vitória é conquistada quase que de imediato e com uma agilidade viciante, que serve como combustível para o próximo projeto. A vida é assim. Existem desafios que são como corridas de 100 metros, e você sai vitorioso rapidamente. Mas quando se acostuma ao sucesso imediato, o que fará quando tiver que correr uma maratona?

Correr uma maratona o esgota. Às vezes, você diminui a velocidade, mas é uma competição de constância. Isso foi o que interpretei das palavras do meu padrasto, quando aprendi que nem tudo na vida é resultado do controle nem acontece no momento que desejamos. Era necessário ir pouco a pouco, avançar gradualmente. Hoje, considero que o colapso que vivi foi positivo. Situou-me em um estado de consciência superior. Entender assim me traz paz e segurança. Essa foi minha lente de longo alcance. Você fará sua história com o seu acervo.

Lente grande angular

No campo da fotografia, a lente grande angular propicia uma vista panorâmica e distingue, dentro de um amplo cenário, a pessoa fotografada. Quando, no processo de *coaching*, a lente grande angular é aplicada a uma pessoa, ela é incentivada a observar a própria situação a partir de um contexto geral, não de um ambiente condicionado pelas circunstâncias e por sistema de crenças.

Há algum tempo, facilitei um curso, na Espanha, denominado Presente do Coração, um Seminário Insight®, direcionado às pessoas que enfrentam grandes desafios em diferentes áreas de suas vidas. Os participantes são pessoas portadoras de HIV, câncer, lúpus, mulheres que foram abusadas e membros dos Alcoólicos Anônimos. Ouvir suas histórias me fez entender que as situações vividas por mim não eram tão absurdas. Quando conheci essas experiências, como essas pessoas enfrentavam os obstáculos com otimismo ou neutralidade, suas fortalezas e flexibilidades, a coragem de se arriscar e a forma que reconstruíram sua vida afetiva e laboral, apesar das limitações, minha circunstância perdeu seu drama, diante de um cenário mais amplo e devastador.

Com a técnica da grande angular, você comprovará que sua odisseia pessoal não é a maior de todas. Trata-se de erguer o olhar para apreciar o bosque, em vez de fixá-lo nos galhos quebrados da sua própria árvore. Conhecer as experiências alheias oferece uma perspectiva mais ampla e realista da sua própria experiência. Com a grande angular, você perceberá, por exemplo, que sua crise não degenerou para uma terrível doença — quando muito, desembocou em alergias, ansiedade e insônia.

Através da minha grande angular, eu me encontrava saudável o suficiente para seguir adiante. Percebi que o que tinha acontecido comigo, ainda que difícil, era pouco, comparado às situações tão hostis, como as que vivem muitos moradores da África, os refugiados ou os presos políticos de um governo ditatorial.

A grande angular permite entender que sua circunstância, embora complexa e esgotadora, na realidade, não é tão descomunal e insuperável. Mas isso você fica sabendo depois, durante a tomada de consciência, pois naquele momento em que está submerso no desânimo, é mais difícil vislumbrar essa verdade. O fato de entender que o contexto é maior que a sua situação facilita o processo de se responsabilizar por ela.

Lente invertida, uma *selfie* da sua existência

É uma foto sua, feita com a câmera do seu celular: a lente invertida é um autorretrato, uma captura da sua própria imagem. Para realizar esta técnica do autorreconhecimento, concentre-se tanto nas virtudes quanto nos defeitos, sem aplicar "efeitos de Photoshop" ou "filtros" — isso seria mentir para si mesmo. Sua imagem não mostraria o que você realmente é.

ASSUMA A RESPONSABILIDADE: O PODER ESTÁ EM VOCÊ

Para capturar essa imagem, carregue a "câmera fotográfica" com uma série de perguntas, adequadas à sua circunstância:

- O que eu fiz, de certo ou errado, para que isso acontecesse?
- Como adquirir mais consciência da situação e assumir a responsabilidade?
- Que ações devo pôr em prática para superar essa condição?

Compartilho algumas perguntas que me fiz, nas situações desfavoráveis: "Tenho o potencial para sair disto?". A resposta foi afirmativa. "Já enfrentei grandes dificuldades na vida?". Sim. "Superei?". Claro que sim!

Quando faz as perguntas corretas, de fora para dentro, como se fosse uma terceira pessoa, você aplica a técnica da lente invertida. E aparecem respostas que o conectam com a força necessária para pôr em prática a ação corretiva para a situação que está atravessando.

> "Apropriar-nos de nossa história e amar a nós mesmos é a coisa mais corajosa que podemos fazer". – **BRENÉ BROWN**

O PODER DE TER "O PODER"

Às vezes, pensamos que os outros são os responsáveis pelas coisas ruins que nos acontecem e supomos que, para melhorar a nossa situação, é necessário que os outros mudem primeiro. Se esse é o seu caso, você não está assumindo responsabilidade. Exponho alguns pensamentos que refletem esse tipo de resistência e evasão e que o levam a perder o poder:

SUPER-RESILIENTE

- Em uma relação problemática com seu sócio: "Ele é quem deve ceder".
- Na minha situação com o governo: "O presidente tem que cair".
- Em uma situação de dependência econômica de alguns membros da família: "São incapazes, é preciso estender-lhes a mão o tempo todo".

Cito esses três casos por serem situações nas quais a maioria das pessoas acredita que lhes falta poder e que a solução depende dos outros. Peço que refaça esses mesmos pensamentos e se coloque como condutor da situação:

- No primeiro exemplo: decidir mudar as regras da sociedade, junto com meu sócio, ou me retirar da sociedade.
- No segundo caso: refazer a vida em outro país, sem apego pelo que deixei para trás.
- Reconhecer que alguns membros da família são adultos capazes de assumir o controle das próprias vidas.

Ao se propor esse tipo de enfoque, você recupera o poder de ter o poder. A sensação de saber que é você o encarregado lhe permite se reinventar e se situar nas circunstâncias que você considerava ter perdido o domínio. Parte de assumir a responsabilidade é aceitar que o poder de resolver uma situação está dentro de você, mesmo quando outras pessoas estejam envolvidas.

SEJA UM LÍDER DE SI MESMO

No capítulo sobre o que é resiliência, comentei que o ideograma chinês simboliza a crise, mas se o colocarmos de cabeça para baixo, simboliza oportunidade. Vista assim, a crise é uma oportunidade de encontrar soluções. Agora a grande pergunta: como encontrar oportunidades quando devo argumentar com

ASSUMA A RESPONSABILIDADE: O PODER ESTÁ EM VOCÊ

os pensamentos e as emoções que me sabotam durante uma calamidade? Como lutar com meu sabotador interno?

O conceito de liderança remete ao conjunto de capacidades de um ser humano para influenciar um grupo de pessoas, levando-as a trabalharem com entusiasmo para alcançar metas e objetivos.

Mas você não pode pretender influenciar e liderar outras pessoas sem antes liderar a si mesmo. É fácil ser líder quando as águas estão calmas e tudo permanece em relativo e aparente controle. Entretanto, os verdadeiros líderes são medidos nas adversidades, em meio ao caos e à confusão, quando os ventos sopram para o lado oposto. É justamente nesses momentos atribulados que nossa verve de líder deve se manifestar, para mostrar do que somos feitos.

Como um ser humano lidera a si mesmo, equilibra pensamentos e emoções em momentos de crise? Em primeiríssimo lugar está a tomada de consciência. Depois, assumindo responsabilidades e conhecendo, ao mesmo tempo, suas fortalezas, debilidades, potencialidades e limitações. Após identificar as características do seu sabotador e desmantelá-lo, identifique o líder que está dentro de você e que, talvez, esteja adormecido desde que você era criança.

DESCUBRA O SUPER-HERÓI DENTRO DE VOCÊ

O Superman tem uma capa que lhe permite voar. A Mulher-Maravilha tem braceletes nos pulsos com os quais se protege quando enfrenta os inimigos. O Batman fez um cinto com os aparelhos mais engenhosos e eficazes para lutar contra o crime··· Todos nós também temos ferramentas de super-herói que nos permitem transformar a crise em oportunidades.

O argentino Fred Koffman, ex-vice-presidente de desenvolvimento do LinkedIn e membro fundador da seção de negócios do Integral Institute de Ken Wilber, chegou a dizer: "Fomos con-

SUPER-RESILIENTE

dicionados pelos super-heróis dos quadrinhos a acreditar que precisamos de grandes poderes para viver heroicamente. Isso é falso. Heroísmo consiste em ter valores e virtudes, não em ter poderes. Assumir a responsabilidade, o respeito, a humildade, a verdade, a justiça, a liberdade e o amor é a essência do heroísmo". Permito-me acrescentar que a resiliência nos transforma em verdadeiros super-heróis!

Em nossa infância, sentíamo-nos super-heróis e procurávamos manifestar um ideal. Como adultos, nunca pensamos que somos super-heróis. Ainda que, para viver no mundo atual — seja trabalhando junto com outras pessoas, lidando com uma sogra, resolvendo um ataque de ciúmes do seu parceiro/a, ou um problema afetivo, inclusive enfrentando uma traição —, precisamos ser super-heróis.

Não estou delirando. É uma realidade confirmada pela ciência. Rachel E. White, do Hamilton College, além de Emily Prager e Catherine Schaefer, da Universidade de Minnesota, reuniram, em um salão, crianças de quatro a seis anos de idade e pediram que realizassem, durante dez minutos, uma tarefa entediante no computador. Se ficassem aborrecidas antes do tempo, poderiam sair para brincar. Esse experimento foi enriquecido com um fator surpresa: foi pedido, para um terço das crianças, que se imaginassem como um super-herói. O estudo, denominado "O efeito Batman", demonstrou que as crianças que tinham se identificado com um super-herói conseguiram os melhores resultados.

> "O homem que se levanta é muito mais forte do que aquele que não caiu". –
> **VIKTOR FRANKL**

Nas pessoas resilientes, cada atributo positivo é um poder que ajuda a dominar os contratempos. Você precisa olhar dentro de si, a fim de identificar o herói ou a ave Fênix que está ali. Como

ASSUMA A RESPONSABILIDADE: O PODER ESTÁ EM VOCÊ

saber se você é um super-herói? Não se coloque na posição de vítima nem de culpado. Os verdadeiros heróis são responsáveis e assumem. A constância é outro atributo presente em todo herói de carne e osso. A chave é reconquistar, primeiro, esse adversário interno. Para isso, é preciso descobrir o espaço luminoso que existe em você. "Um herói é um indivíduo extraordinário que encontra força para perseverar e resistir, apesar dos obstáculos", disse o ator Christopher Reeve, o legendário Superman do cinema, quem foi confinado a uma cadeira de rodas quando, em 1995, caiu do seu cavalo enquanto praticava equitação.

> "Herói é quem entende a responsabilidade que vem junto com a sua liberdade".
> **– BOB DYLAN**

Proponho que identifique as ferramentas resilientes dentro de você. Para empreender esta busca, responda às duas seguintes perguntas:

- Quais são suas qualidades em momentos de dificuldade? Pare um momento para meditar (meditar já uma qualidade!) sobre a habilidade que você mais usa para se superar. Concentração? Ousadia? Determinação? Confiança? Sabedoria? Fé? Paciência?

- O que significa, para você, ser um super-herói quando passa por um processo de dor?

Depois de responder, transforme as qualidades internas em práticas diárias. Proponha-se, também, a desenvolver as que não o caracterizam. Descreva, em voz alta, alguma crise que você superou e identifique a qualidade de guerreiro que empregou nessa ocasião.

A atitude é a chave. Você não pode afirmar que é um herói ou uma heroína se seu corpo e sua mente refletem o contrário. Sua mente e seu corpo devem tomar consciência. Lembre-se de quando superou uma crise desafiadora. Sem importar o vilão interno que o ataca com poderes negativos — raiva, julgamento, ressentimento ou vitimização —, se você assume, física e mentalmente, sua atitude de herói, gradualmente assimilará a mudança. E se elevará.

No meu caso, as qualidades essenciais da minha fortaleza são a disciplina, o enfoque no positivo e a fé. Quando atravesso uma dificuldade, procuro exercer minha liberdade, seja física ou mental: ando de bicicleta ou vou à praia para, ali, recordar que sou um ponto minúsculo dentro do enorme mecanismo universal.

A AVE FÊNIX NÃO É UM MITO

A ave Fênix representava o Sol na mitologia grega: morre à noite e renasce, com toda sua glória, pela manhã. Por isso simboliza força, purificação, esperança e renovação física e espiritual. É um ser resiliente.

Não é só uma fábula nascida no início dos tempos: o mito se repete todos os dias nas pessoas com habilidade para se reinventar. Se você identifica a sua qualidade de super-herói e recupera essa fortaleza, que está acima da dificuldade, acaba de se transformar em uma ave Fênix, capaz de se recuperar, apesar dos estragos do fogo.

Em seu livro *Símbolos da transformação*, Carl Gustav Jung assegurou que o ser humano e a ave Fênix têm muitas semelhanças. Essa emblemática criatura de fogo, capaz de ressurgir, majestosamente, das cinzas de sua própria destruição, simboliza também o poder da resiliência, essa capacidade inigualável de nos renovarmos como seres mais fortes, corajosos e luminosos.

Sobram testemunhos. A história de Kanchhi Maya Tamang, mulher que, depois de superar os piores reveses, enviou uma mensagem do topo do mundo, é um extraordinário exemplo de ave Fênix. Segundo a Comissão de Direitos Humanos do Nepal,

ASSUMA A RESPONSABILIDADE: O PODER ESTÁ EM VOCÊ

entre 2014 e 2015, foram resgatadas mais de 9.500 vítimas do tráfico de pessoas. Kanchhi, nascida em um vilarejo do distrito de Sindhupalchowk, no centro do Nepal, fez parte dessa tragédia ao ser vendida na Índia e, depois, no Egito, onde trabalhou como empregada doméstica durante seis anos.

Kanchhi foi a primeira mulher a conquistar topo do Everest, motivada pela igualdade de gênero e pelo empoderamento das mulheres. Quando chegou ao topo, levantou um cartaz no qual se podia ler: "Somos pessoas, não propriedades. Não ao tráfico de pessoas". Dias depois, declarou à imprensa: "Subi esse pico em honra às mulheres que escalam suas próprias montanhas. Devemos dar poder às meninas. Dar-lhes uma corda, mostrar-lhes uma rocha e, depois, pedir-lhes que subam".

É uma história digna de um filme. Você também tem o poder de aplicá-la à sua vida. Essa é uma das principais lições de resiliência. Ou, como diz o poema "Invictus", do poeta inglês William Ernest Henley:

Do fundo desta noite que persiste
A me envolver em breu — eterno e espesso,
A qualquer Deus — se acaso algum existe,
Por minha alma insubjugável agradeço.

Nas garras do destino e seus estragos,
Sob os golpes que o acaso atira e acerta,
Nunca me lamentei — e ainda trago
Minha cabeça — embora em sangue — ereta.

Mais além deste oceano de lamúria,
Somente o horror das trevas se divisa;
Porém o tempo, a consumir-se em fúria,
Não me amedronta, nem me martiriza.

Por ser estreita a fenda — eu não declino,
Nem por pesada a mão que o mundo espalma;
Eu sou o mestre de meu destino;
Eu sou o capitão de minha alma.

CAPÍTULO 06

Crie resiliência: decálogo para renascer

Chegou a hora de colocar em prática o decálogo ou conjunto de dez regras para materializar seu processo de resiliência com sucesso.

> "A vida não fica mais fácil ou indulgente, nós é que ficamos mais fortes e resilientes".
> – **STEVE MARABOLI**

Corretíssima a frase de Helen Adams Keller (1880–1998): "O mundo está cheio de sofrimento, mas também de superação", disse a escritora, oradora e ativista política norte-americana, acometida de uma terrível doença que a deixou cega e surda com um ano e meio de idade. Apesar de suas limitações (ou graças a elas), Helen se transformou em uma ativista e filantropa, arrecadou recursos para a Fundação Americana para Cegos, promoveu o direito ao voto feminino e os direitos dos trabalhadores, além de ser cofundadora da União Norte-americana pelas Liberdades Civis.

Por suas conquistas, o presidente norte-americano Lyndon Johnson conferiu-lhe a Medalha Presidencial da Liberdade e, a partir de 1980, a cada 27 de julho, dia do seu aniversário, comemora-se o Dia de Helen Keller. Uma poderosa história de resiliência, frente a qual muitas das nossas crises parecem insignificantes.

Nelson Mandela, 27 anos encarcerado por enfrentar o sistema de segregação racial *Apartheid* que por muitos anos dominou a África do Sul, foi o primeiro presidente da raça negra a ser eleito pelo sufrágio universal em seu país. Queria citar também o caso da Madre Teresa de Calcutá, a freira católica de origem albanesa que fundou a congregação Missionárias da Caridade. Ela teve que se reinventar para transformar essa ordem de clausura em uma congregação de serviço.

Outras grandes personalidades tiveram que criar e construir as qualidades pelas quais se destacaram. Apesar de as experiências da infância e da adolescência moldarem a capacidade de resiliência do adulto, todos nós gerenciamos as habilidades que superam as adversidades. Como chegar até elas? O primeiro passo é reconhecer que essas habilidades já se apresentaram em suas recuperações no passado. Agora, cabe fortalecê-las.

DA QUALIDADE AO COMPORTAMENTO

É preciso transformar as qualidades em comportamentos que possam substituir as condutas limitantes. Isso é o que proponho neste capítulo. Mas, primeiro, vamos conhecer o que é uma qualidade e o que são os comportamentos.

A qualidade é uma componente da essência de uma pessoa, ou objeto, que contribui para que alguém ou algo seja o que é. Assim, a rigidez é uma qualidade do diamante, da mesma forma que a capacidade nutricional é uma das qualidades típicas das frutas. Por sua vez, o comportamento é a manifestação externa da qualidade e se reflete nas ações que um indivíduo mostra no seu dia a dia.

Se você acredita que não tem determinada qualidade, pratique comportamentos que o ajudem a desenvolvê-la. Por exemplo, se você não é muito otimista, cultive essa qualidade servindo outras pessoas durante uma calamidade. Ou, se não for muito flexível, estabeleça desafios diários que o levem a aceitar que as mudanças fazem parte da vida. A Associação Americana de Psicologia (APA, na sigla em inglês) oferece os seguintes conselhos para mudar o comportamento positivamente:

CRIE RESILIÊNCIA: DECÁLOGO PARA RENASCER

- Faça um plano duradouro.
- Comece moderadamente e mude um comportamento de cada vez.
- Envolva um companheiro ou companheira.
- Peça apoio.

> "Aquele que olha para fora sonha.
> O que olha para dentro desperta".
> **– CARL GUSTAV JUNG**

O importante é encontrar o equilíbrio e reforçar aqueles aspectos que necessitam ser fortalecidos, ainda que não pretenda abarcar todos eles, como se fossem um álbum de figurinhas que você coleciona. Esclarecido esse ponto, passo a apresentar, nas páginas seguintes, o decálogo, ou conjunto das dez regras que devem ser cultivadas. Elas são os pilares sobre os quais a alma resiliente se levanta.

CAPÍTULO 07

Regra 1: Comprometa-se consigo mesmo

> "Se estiver disposto a trabalhar duro e cumprir as suas responsabilidades, você poderá sair lá na frente, não importa de onde venha, seu aspecto, o que viveu ou quem ama". – **BARACK OBAMA**

PERGUNTE-SE:

- Eu me comprometo quando decido mudar?
- Planejo o meu dia?
- Avalio o resultado da minha jornada no final do dia?
- Fiz algo fora da rotina hoje?
- Como sei que dei um passo à frente para superar a situação difícil que atravesso?

Coloco o compromisso como primeiro passo, pois, se não se comprometer com seu processo de resiliência, será difícil ativar e dinamizar as outras chaves. Quando você se compromete, agiliza o restante.

A palavra compromisso deriva do latim *compromissum* e significa uma obrigação contraída. A promessa "Passo aí para te ver hoje à noite" é um compromisso. Por isso, a frase "Estou no meio de um compromisso" pode ser facilmente substituída por: "Estou no meio de uma obrigação". Uma pessoa demonstra compromisso quando cumpre aquilo a que se propôs ou aquilo que lhe foi solicitado; ela planeja e reage assertivamente, para levar adiante um projeto, uma família, o trabalho ou seus estudos. No caso da resiliência, o compromisso é um dever que estabelece consigo mesmo para superar uma crise e transformá-la em oportunidade.

Para que exista um compromisso, são necessários dois elementos: conhecimento e participação. Não podemos nos comprometer a desempenhar uma tarefa se desconhecermos os aspectos e deveres que esse compromisso envolve. A segunda componente do compromisso é a participação: uma pessoa está realmente comprometida quando age para atingir seus objetivos. Por isso, o compromisso se manifesta pelas ações.

> "O compromisso é um ato, não uma palavra".
> **– JEAN-PAUL SARTRE**

COMPROMETA-SE INTERNAMENTE

Um amigo chegou a pesar 130 quilos. Seu relacionamento amoroso passava por graves problemas e ela ameaçou abandoná-lo se ele não emagrecesse. Meu amigo se comprometeu e emagreceu 40 quilos, depois de meses de dietas e exercícios. Mesmo assim, sua mulher o abandonou. Não passou muito tempo para ele deixar a academia e voltar a comer como um náufrago recém-resgatado de uma ilha; com isso, recuperou, quase que imediatamente, o peso que perdera com tanto esforço. Entrar no desalento e na sensação de fracasso levou-o a tomar o caminho oposto ao sucesso alcançado.

Como seu compromisso foi gerado por um fator externo, quando esse fator desapareceu, ele recaiu na situação já superada. Por isso, o compromisso tem que ser um processo não motivado por agentes externos: deve existir uma disposição interna para participar. Se não for assim, a recuperação não será verdadeira.

A meta do meu amigo não era emagrecer, mas superar o bloqueio que o mantinha obeso. Depois de se conscientizar, voltou a se alimentar de forma saudável e a praticar exercício. Hoje, depois e comprometer consigo mesmo, está emagrecendo outra vez, mas desta vez graças a uma escolha interna. Superou os julgamentos de não ser capaz de se superar, com a própria motivação.

SAIA DA ZONA DE CONFORTO

Para se comprometer a participar ativamente, para se libertar, é necessário sair da zona de conforto. Se deseja mudar sua vida (seu trabalho, sua rotina, adquirir hábitos saudáveis, terminar um relacionamento…), pegue o touro pelo chifre e saia dessa zona de conforto que o mantém preso!

A zona de conforto é um lugar mental, no qual estamos, aparentemente, à vontade com o que experimentamos ou vivemos; é o conjunto de limites que a pessoa confunde com o marco de sua existência.

É o comodismo de quem abriu mão de tomar iniciativas para expandir e governar sua vida. Esses limites são criados por nós, através de nossas experiências, crenças, aprendizados e parâmetros internos e externos.

> "Liberdade não é ausência de compromisso, mas a capacidade de escolher e se comprometer com o que é melhor para si". – **PAULO COELHO**

Quando se está na zona de conforto, não se pensa em mudar nada. Acostuma-se com o que acontece, ainda que não seja, necessariamente, bom. Por exemplo, muitas pessoas se acostumam à dor de uma situação difícil e pensam que seu estilo de vida está associado a essa dor. Não buscam uma nova realidade, por quererem permanecer na que estão, às vezes, de forma inconsciente. As pessoas agem assim por duvidarem da própria habilidade para encontrar uma vida melhor.

Vamos dar uma olhada nas áreas que compõem e envolvem a zona de conforto:

Zona mágica/
Zona de pânico

Zona de aprendizagem

Zona de conforto

Zona de conforto

No centro dela, estão costumes, crenças, paradigmas, comportamentos conhecidos, respostas automáticas e metas alcançadas. Enfim, tudo aquilo que pensamos que está sob nosso controle.

COMPROMETA-SE CONSIGO MESMO

A zona de conforto é aparentemente confortável quando, na verdade, limita, ao criar uma satisfação paralisante: existem pessoas tão cômodas em suas vidas que não se arriscam. Não se desafiam, porque estão apegadas ao *status quo* ou só desejam desfrutar dos benefícios aparentes que a falsa segurança traz.

Não é estática. Ao contrário, a zona de conforto é dinâmica e orgânica, cresce ou diminui a partir da decisão de sair ou ficar dentro dela: se você sai, ela se expande; se você fica, pouco a pouco ela se contrai. Também muda com o passar do tempo. Por exemplo, há anos minha mãe andava bem de bicicleta, essa capacidade fazia parte da sua zona de conforto. Hoje ela tem medo de andar de bicicleta. Neste momento, a bicicleta está fora da sua zona de conforto.

Os três atributos da resiliência, comentados nas páginas anteriores — flexibilidade, adaptabilidade e fortaleza —, não serão encontrados dentro da zona de conforto. Por quê? Sair da zona de conforto significa se expor às circunstâncias desconhecidas.

Atingir um objetivo fora da área segura requer flexibilidade, para fluir com os acontecimentos do presente; fortaleza, para não permitir que o medo paralise; e adaptabilidade, para entender que podem acontecer eventos inesperados.

Zona de aprendizagem

Depois dos limites da zona de conforto, está o desconhecido. Uma área rica para exploração e aprendizagem. Esta segunda faixa é formada pelas mudanças de hábitos e pela prática de novos comportamentos e paradigmas. Quando entra nesta zona de exploração, você começa a sentir um desconforto, mas também sente que mantém o controle.

Nesta zona, gerenciamos os medos e riscos menores. Isso é o que, em *coaching*, denomina-se *aprendizagem controlada*: se, na zona de aprendizagem, você não lida bem com suas emoções, perderá a habilidade para se arriscar e se conectará com o medo do futuro, de perder o que tem, de passar por ridículo ou de fracassar. E, automaticamente, voltará para a zona de conforto.

Zona mágica/Zona de pânico

Ultrapassar os limites da zona de aprendizagem levará à região inexplorada na qual ocorre a mudança genuína! Aqui, a resiliência espera por você, ainda que, nesse território desconhecido, você possa se assumir de duas maneiras: como se estivesse em uma zona mágica ou como se estivesse em uma zona de pânico.

Na zona mágica, você pode transformar o medo em tensão criativa, paixão, entusiasmo, resolução, desenvolvimento e gerenciamento da mudança. Esta região se transforma em zona de pânico quando você confunde a tensão criativa com a tensão emocional. Como consequência, conecta-se com a confusão, com a ansiedade e com o apego. Sente-se impotente e começa a negar os eventos que acontecem ao seu redor. Então, você se arrepende de ter se arriscado e sente vontade de voltar ao centro da zona de conforto.

As metas infundem medo. Mas assuma o medo como um aliado que o motiva a agir. Quando utiliza suas experiências e incorpora a prática da inteligência emocional, você transforma o medo em um sócio e responde com assertividade, empatia, curiosidade e criatividade diante das novidades.

Como transformar a tensão emocional em tensão criativa? Através da paixão, do entusiasmo, da resolução, do desenvolvimento e da gestão da mudança. Como resultado, sua zona de conforto expandirá para regiões desconhecidas e, graças a essa expansão, você adquire maturidade e experiência.

Um exercício que me fascina é pensar diariamente em algo inovador, diferente, que me propõe agir fora da caixa. Eu entro em ação. Atreva-se a navegar em alto-mar! Sair da zona de conforto permite eliminar barreiras, conhecer novas pessoas, viver experiências inéditas para ampliar seus pontos de referência, aumentar suas habilidades e sua confiança, conscientizar-se dos objetivos e se desafiar, assim como adquirir maior força criativa e convicção de que você é um ser expansivo. E o mais importante: permite livrar-se dos apegos em relação à forma (como deveria ser) e ao passado que não lhe permite ser resiliente.

SEJA CRIATIVO NA DIFICULDADE

O pensamento criativo é uma das ferramentas mais importantes para solucionar conflitos e sair da zona de conforto. Nasce da nossa capacidade de criar e se propõe a estabelecer ou a gerar, pela primeira vez, uma determinada coisa, criá-la, produzi-la ou adaptá-la a novas situações, ou às outras coisas que já conhecemos, para satisfazer uma necessidade.

O pensamento criativo busca soluções originais e ideias novas diante de situações desconhecidas. Abre muitas portas e nos estende a mão para buscar outras opções mais além das óbvias. Mas a criatividade demanda esforço e surge do profundo conhecimento do problema a ser solucionado.

Uma das leis de Newton mostra que toda ação produz uma reação. Deduz-se que, se você praticar uma ação diferente, produzirá um resultado diferente. Algumas vezes, é útil romper algumas regras, sobretudo se essas regras não funcionam. Então, estabeleça ações diferentes, tanto interna quanto externamente, para obter resultados diferentes e se aproximar de sua visão de longo prazo, de como quer se ver ou como deseja estar. Você não gosta do seu trabalho? Não se levante amanhã para, consumido pela insatisfação, arrastar-se de novo para o escritório. Dê-se um tempo para redigir seu currículo ou procurar outro emprego. Dê asas à imaginação e faça-se a fascinante pergunta: "O que aconteceria se...?".

SUPER-RESILIENTE

DESAFIE-SE

Cultive resiliência colocando-se em situações desafiadoras. É uma verdade demonstrada pela ciência. Para regular o cortisol, que é o hormônio liberado pela glândula suprarrenal, como resposta ao estresse, seu organismo se faz, gradualmente, mais resistente a ele. Consequentemente, ficar exposto ao estresse, regularmente, faz com que seu organismo "aprenda" a controlá-lo melhor. Submeter-se, voluntariamente, a situações desafiadoras reforçará sua resiliência conscientemente.

Eu, por exemplo, sofro de vertigem, mas em uma oportunidade aceitei o desafio de saltar de paraquedas para superar esse medo. Nesse momento, o cortisol aprontou das suas em meu organismo, mas eu ampliei meu espectro de resistência. Meu corpo "entendeu" como controlar o estresse de maneira diferente e sólida.

Os períodos de estresses manejáveis, isto é, aqueles com os quais você consegue conviver, são uma oportunidade para cultivar a resiliência. Permitir-se certa cota de estresse gera uma resposta cerebral e hormonal mais adequada para controlar suas crises e, se incorporá-las como parte inevitável da existência, aprenderá a administrá-las melhor e ampliará os níveis de aceitação, para assumir e fluir.

O estresse nunca desaparece, só muda sua intensidade, o que determina se será manejável ou não. As situações desafiadoras ampliam os níveis internos, ampliando a capacidade interna, alargando seu limite de resistência para enfrentar uma situação estressante. Saiba gerir isso de forma saudável. Essa é a razão pela qual me reconheço na frase que li algum dia: "Escolha o caminho que te leva a ser resiliente diante do estresse, em vez de ficar estressado".

Uma pesquisa realizada na Universidade Harvard identificou que as pessoas que consideravam o estresse como combustível para seu desempenho obtinham melhores resultados que aqueles que o ignoravam. Por isso proponho um desafio que pode parecer meio louco: em vez de rejeitá-lo, convide-o para sua vida de forma consciente!

Você é tímido ou tímida? Desafie-se a conversar com pessoas desconhecidas, seja no trabalho, na universidade ou na academia. Você tem medo de falar em público? Desafie-se e peça a palavra no próximo evento público de que participar. Gradualmente, reprogramará seu roteiro e, de lambuja, dominará seu medo. Aprenda também a se examinar todos os dias — este é um jeito de se desafiar. Faça as seguintes perguntas a si mesmo:

- Como me sinto hoje?
- O que posso fazer de diferente hoje?
- O que estou disposto a fazer para melhorar minha vida?

MANTENHA-SE OCUPADO, OCUPADO, OCUPADO

O compromisso se ancora nas ações a serem realizadas dia após dia. Cada uma dessas ações acelerará a cura, pois, ao agir, sua energia muda e o associa a novas emoções. Isso provoca, inclusive, mudanças neuro-hormonais que, na sua percepção, encurtam o tempo, para assumir a nova realidade.

Quando se coloca em movimento, a energia ou a tensão emocional desperdiçada em pensamentos como "estou frustrado", "estou no abismo", "não tenho esperanças" pode ser usada para se reorientar no caminho da recuperação.

> "A vida nunca é estagnação. É movimento constante e sem ritmo, pois estamos em constante mudança". – **BRUCE LEE**

Cada ação posta em prática o aproximará da meta, sem importar se a tarefa é grande ou pequena — o que importa é manter o movimento. Os especialistas aconselham combater a depressão com ações físicas, como fazer exercícios, para que a bioquímica liberada em seu organismo envie a mensagem de que você é capaz. Ao se sentir capaz, você encontra uma solução para a adversidade. Lembre-se do ditado: "Quando você faz as coisas, as coisas acontecem".

Outra forma de se manter ocupado é desfrutando da natureza, assistindo a um filme, contemplando, servindo a uma causa nobre ou, simplesmente, sem fazer nada por um tempo, descansando *a cabeça* para preparar seu próximo passo.

VÁ EM DIREÇÃO A SUAS METAS

Comprometer-se é o movimento feito em direção à meta. No caso da resiliência, é superar satisfatoriamente os momentos de desânimo. Antes de perseguir um propósito, tenha claro o que deseja alcançar. Recomendo o uso do método SMART, sigla originada no inglês para:

- *Specific:* específico — a meta é concreta e definida.
- *Measurable:* mensurável — passível de medir o resultado.
- *Attainable:* alcançável — deve ser um desafio realista e acreditável.
- *Relevant:* relevante — que seja importante para sua vida.
- *Time bound:* com limite de tempo — prazo de duração: contando do início da ação até a conquista do objetivo.

Quando você se coloca metas, não pode pretender alcançá-las da noite para o dia. Frequentemente, você estabelece objetivos sem atentar para as dificuldades que terá para alcançá-los e não identifica os obstáculos que poderiam impedir suas conquistas.

COMPROMETA-SE CONSIGO MESMO

Observando essa parte, você os vencerá, um a um.

PLANEJE

Estudos revelam que planejar a jornada nas primeiras horas do dia pode elevar o resultado em 30%. Esse pouco tempo focado em organizar o que fazer para conquistar aquele estado em que você quer estar e para manter clara a sua intenção proporcionará a energia e o entusiasmo para participar mais ativamente, ter mais compromisso e alcançar o que deseja.

Manter uma agenda de atividades e programar suas ações diárias e semanais ativará suas metas resilientes. Planejar as tarefas, sejam elas modestas ou ambiciosas, ajuda a visualizar o caminho a ser seguido e aumenta sua capacidade de reação ante os imprevistos. Você prioriza suas ações e tem satisfação em cumprir os compromissos que propôs a si mesmo, além de ficar mais motivado e ganhar em qualidade de vida, graças à tomada de decisões adequadas.

Particularmente, é de manhã que planejo e estabeleço onde colocar meu foco durante o dia e, à noite, reviso o que fiz. Ambas atividades não levam mais de 20 minutos. Essa rotina trouxe grande valor para minha vida. Além de me empoderar, tenho domínio dos meus pensamentos, fico em paz e no presente.

Não planejo apenas as atividades de trabalho — isso pode incluir uma visita a um parente ou amigo, renovar o *look* com um novo corte de cabelo, fazer serviços sociais, divertir ou descansar em casa.

TENHA UMA ATITUDE OTIMISTA

Para alcançar um alto nível de compromisso, é necessário manter uma atitude otimista ou neutra diante da adversidade. O que significa isso? Não é fingir que você está feliz com a situação que está atravessando, mas conservar uma atitude serena em relação a essa situação. Assim, o seu foco está no presente e faz com que se envolva na ação que o aproxima da sua meta resiliente.

A principal diferença entre uma atitude otimista e o pessimismo está no foco: dedicar-nos a descobrir os inconvenientes e as dificuldades, o que provoca apatia e desânimo — ao contrário do otimismo, que supõe esforço para encontrar soluções, vantagens e possibilidades. Por isso, as pessoas resilientes desfrutam dos detalhes e não perdem a capacidade de se maravilharem com a vida. Esta é a razão de focarem os aspectos positivos que qualquer situação possa oferecer, seja complicada ou não.

FAÇA ATIVIDADES FÍSICAS

Fazer exercícios regularmente incrementa os níveis de substâncias químicas cerebrais, como a serotonina, principal neurotransmissor, responsável pelo estado de humor. Segundo um estudo da Universidade do Texas, Estados Unidos, publicado no *Journal of Clinical Psychiatry*, a prática de atividade física, como correr ou andar de bicicleta durante meia hora, pelo menos três dias por semana, pode ser tão eficaz quanto o consumo de remédios.

Sair para caminhar é uma excelente estratégia. É um exercício aeróbico que traz benefícios similares a correr ou nadar, com a vantagem de que a maioria das pessoas pode praticar e é fácil incorporar na rotina. Sair para caminhar deve ser uma atividade regular, para obter os efeitos esperados. Faça isso no mínimo três dias por semana durante meia hora, porém seria melhor se fosse diariamente.

CAPÍTULO 08

Regra 2:
Aceite, assuma e flua

> "Entender é o primeiro passo para aceitar, e só com a aceitação pode haver recuperação". – **J. K. ROWLING**

PERGUNTE-SE:

- Eu percebo que certas situações me controlam ou sou eu quem as domina?
- Se pudesse me distanciar desse problema que tenho agora, eu conseguiria determinar os aspectos que não vejo neste momento?
- Tenho problema de atitude, como raiva ou culpa, na hora de enfrentar a crise?
- Acredito que a mudança faz parte da vida?
- Estou aberto para escutar o que as outras pessoas têm a dizer sobre a minha situação?

Aceitar, assumir e fluir são três ações estreitamente relacionadas, e cada uma é consequência da anterior: ao aceitar, você assume. Se a consciência da aceitação está clara internamente, você começa a fluir com o que está presente. Vamos examinar o significado de cada um desses termos.

Aceitar

Palavra originada do latim *acceptatio* — o conceito de aceitação alude à ação e ao efeito de aceitar, verbo relacionado com aprovar, considerar bom ou receber algo de forma voluntária e sem oposição. Em termos psicológicos, a ideia de aceitação se aplica a uma pessoa que aprende a viver com os erros e reconhece tanto seu passado quanto seu presente. Assim, encara o futuro com uma perspectiva renovada e aproveita as oportunidades.

Em torno da aceitação do passado e do presente, gira grande parte da problemática interna das pessoas: muitas estão presas em suas crenças limitantes, provenientes da infância e da adolescência. Sobre isso, Elizabeth Edwards, autora norte-americana de numerosos *best-sellers* e ativista da saúde, declara: "A resiliência é aceitar sua nova realidade, inclusive se não for tão boa quanto a anterior".

Assumir

Assumir significa se responsabilizar. Isso só é possível depois de aceitar; portanto, é uma consequência. O verbo se aplica a várias circunstâncias: à possibilidade de assumir o presente, à adversidade que nos acossa, assim como aos riscos e às possibilidades. Devemos assumir e nos responsabilizarmos, se desejarmos enriquecer nossa vida, para tirar partido e encarar as vicissitudes. Já dedicamos o capítulo anterior a esse aspecto referente à responsabilidade.

Fluir

Para ilustrar este ponto, uso como exemplo o trânsito. Se os motoristas não respeitassem os sinais de trânsito, desistissem de circular no sentido indicado e cada um dirigisse na direção que quisesse, o tráfego se tornaria um caos, congestionando todas as vias. Portanto, a alternativa para não ficar preso é fluir com esse tráfego.

Fluir é circular pelo que acontece e reagir diante da situação angustiante. Não de maneira automática ou inconsciente: use suas capacidades e habilidades, sem se boicotar ou permitir que o ambiente afete sua essência. Um exemplo dessa dinâmica foram as horas e os dias que se seguiram à morte do meu pai. Foi uma situação inesperada. Ninguém anda por aí com um manual de instruções que ensine como agir ante os acontecimentos repentinos. Entretanto, ainda que não compreendesse completamente o que se passava ao meu redor, fluía ao ritmo dos acontecimentos, enfrentando obstáculo por obstáculo, um a um, à medida que surgiam. É possível fluir quando se vive sem esperar nada, estando no aqui e agora, em sintonia com o entorno e controlando, com flexibilidade, seus papéis, suas atividades e seus relacionamentos. Os três passos descritos — aceitar, assumir e fluir — envolvem as seguintes ações:

ADMITA QUE A MUDANÇA FAZ PARTE DA VIDA

"A mudança é a única coisa imutável", disse o filósofo alemão Arthur Schopenhauer. A vida não é um cenário estático. Muito pelo contrário, transforma-se a cada dia. Aceitar que a vida é mudança permite viver mais tranquilamente o aqui e o agora, desfrutar do que temos em mãos, sem nos preocuparmos se perderemos ou não. Devemos aprender a concluir etapas e abrir novos ciclos, porque isso é viver: mudar, renovar e não permanecer sempre no mesmo lugar.

> "Você é imperfeito, de um jeito permanente e inevitavelmente imperfeito. E você é maravilhoso". – **AMY BLOOM**

Como você sabe que aceitou? Quando está consciente do presente e combina a flexibilidade com a perseverança. A chave está em mudar a si mesmo e se adaptar. Para enfrentar imprevistos, mude seus hábitos, valores, princípios e estados emocionais que já não se ajustam à atual realidade. Já que as mudanças são necessárias e inevitáveis, não as tema e alie-se a elas.

RECONHEÇA QUE NÃO PODE CONTROLAR TUDO

Devemos aceitar que não temos controle sobre cada detalhe da vida, que o controle total não existe. Não obstante, uma das principais fontes de tensão e estresse é o desejo de querer conduzir tudo. Parte do controle é a manutenção do apego, a ilusão do passado, a resistência em aceitar a nova realidade. Estes são comportamentos habituais durante as fases de abandono, desânimo e negação do processo de luto. A baixa tolerância à incerteza traz o vazio e a frustração, que lhe mostram a falta de maturidade suficiente para reconhecer que a solução de muitos problemas escapa de suas mãos, e você começa a aprender a aceitar, a assumir e a fluir, para ampliar seus limites frente ao desconhecido e a viver com menos tensão emocional.

SEJA FLEXÍVEL DIANTE DAS MUDANÇAS

Ter um propósito na vida fará com que seja mais resiliente e lhe dará força interior. Entretanto, podem surgir acontecimentos como a perda de um emprego, o falecimento de um familiar ou um divórcio, que o obrigam a repensar seu propósito original. Nesse caso, volte a analisar a situação e busque alternativas para solucionar os obstáculos. Seja flexível!

ACEITE, ASSUMA E FLUA

A flexibilidade permite que se adapte às mudanças. Às vezes, é necessário corrigir o plano inicial e, à medida que avança, vai fazendo ajustes. Ser flexível e aceitar não significa que goste da nova situação: é admitir que alguns eventos desencadearam essa situação e você age em consequência disso. Quando é flexível e se adapta, você pode enfrentar os acontecimentos imprevistos e mudar o rumo das coisas, sem sentir culpa ou ressentimento por modificar ou abandonar o objetivo originalmente proposto.

DESENVOLVA SEU AUTOCONTROLE E SUA FORÇA DE VONTADE

Walter Mischel, psicólogo austríaco e estudioso da personalidade, realizou, na década de 1960, uma prova na Universidade de Stanford, nos Estados Unidos. Mischel colocou em uma sala algumas crianças, entre três e cinco anos, com duas guloseimas e lhes disse que podiam comer uma de imediato ou esperar um pouco e conseguir duas. As crianças que mostraram maior nível de autocontrole e esperaram a gratificação, quando adultas, apresentaram melhor desempenho na vida, ganharam mais dinheiro e foram mais saudáveis e felizes.

Para aceitar, assumir e fluir, é necessário ter controle emocional e força de vontade. Essas são qualidades que transformam seus desejos e sonhos em resultados. O autocontrole é o domínio dos pensamentos, emoções e ações para experimentar o bem-estar e a satisfação. A carência dessas qualidades o levará a agir impulsivamente, sem pensar nas consequências, a ficar na defensiva, sentindo raiva, impaciência e depressão, e dificultará manter o foco.

"Uma das coisas grandiosas do autocontrole é que, diferentemente de outras características, como a inteligência, é fácil melhorar", afirma Nathan DeWall, reconhecido professor de psicologia da Universidade de Kentucky.

SUPER-RESILIENTE

A observação consciente é fundamental para desenvolver o autocontrole: identificar suas emoções e compreendê-las é o primeiro passo para controlá-las e regular seu comportamento. Assim, você dominará suas decisões, suas condutas e seus impulsos, mesmo em situações de estresse.

> "Não alcançaremos a paz exterior enquanto não fizermos as pazes com nós mesmos".
> **– DALAI LAMA TENZIN GYATSO**

GERENCIE AS SUAS EMOÇÕES

A amígdala é uma região do cérebro que dispara as emoções. Aciona respostas automáticas, seja em forma de agressão, paralisação ou fuga, frente à ameaça. Em algumas pessoas, essas respostas não estão devidamente reguladas ou disparam em situações em que não existe uma ameaça real, como é o caso da depressão prolongada. Existem quatro tipos de emoções básicas das quais se desprendem os sentimentos mais complexos:

Os pesquisadores Philippe Verduyn e Saskia Lavrijsen, em seu estudo "Which emotions last longest and why" ("Quais emoções duram mais tempo e por quê"), publicado na revista *The British Psychological Society*, destacam que a tristeza dura até quatro vezes mais que a alegria: por isso é importante gerenciar a intensidade das emoções, para não sofrer tanto.

Desenvolver a inteligência emocional é a melhor forma de defrontar as encruzilhadas dolorosas e permite identificar as emoções de rancor ou irritabilidade, que nos levam a comportamentos pouco saudáveis: entrar em pânico ou deixar-se levar pelo nervosismo, pela ira ou por pensamentos negativos dificulta-nos agir com clareza. Tomar decisões difíceis exige serenidade. E, para nos mantermos calmos, devemos respirar primeiro e, depois, gerenciar nossas emoções.

ACEITE, ASSUMA E FLUA

O autor e educador norte-americano Al Siebert, em seu livro *The survivor personality* ("A personalidade sobrevivente"), afirma que os melhores sobreviventes passam grande parte do tempo resolvendo emergências, e não pensando no que perderam ou nos sentimentos negativos que tais acontecimentos provocam.

O foco dos sobreviventes está em gerir as situações difíceis, em organizar seus conhecimentos para alcançar os objetivos, em manter a calma e avaliar a situação para traçar um plano de ação. Siebert usa como exemplo os mergulhadores, que devem tomar medidas assertivas, em poucos segundos, para resolver um conflito. Saber lidar com o pânico, quando ocorre um problema com o tanque de oxigênio, salva suas vidas.

O que fazer para manter a calma no meio de uma situação extrema? Sobram estudos afirmando que a meditação é de grande ajuda. O verbo meditar vem do latim *meditare*, que significa considerar e tomar as medidas adequadas. É uma prática para potencializar a atenção e a consciência no momento presente, proporciona maior vigília e criatividade, estimula e reforça as zonas do cérebro designadas à felicidade e à alegria, aumenta o quociente intelectual e fortalece o sistema imunológico, dentre muitas outras vantagens.

O doutor Richard Davidson, especialista em neurociência afetiva, descobriu que as estruturas do cérebro mudam em apenas duas horas depois de meditar. Seus estudos com pacientes deprimidos demonstraram que a inflamação cerebral diminui, rapidamente, depois de um breve período de concentração. No capítulo sobre a tomada de consciência, já falei da importância dessa prática para encontrar nosso observador neutro. Agora, adiantarei algumas ações eficazes para gerenciar as emoções:

- Lembre-se de suas experiências bem-sucedidas e de seus pontos fortes. Esta é uma das melhores estratégias para gerenciar os sentimentos.

- Distraia sua atenção com um assunto neutro, seja um filme ou uma conversa relaxante com um amigo ou parente, para se desvincular, momentaneamente, das emoções negativas.
- Faça respirações.
- Faça exercício físico ao ar livre.
- Distraia-se com atividades novas ou diferentes.

COLABORE COM SEU ENTORNO

Depois da aceitação, o próximo passo é fluir com o momento e colaborar com a circunstância. Mas, com cooperar, não me refiro a ser cúmplice da situação: é trabalhar com outros para atingir um objetivo comum.

Ao aceitar, assumir e fluir, você amplia sua capacidade de escutar, tanto a si mesmo como o que outros têm a dizer. Sua intuição dá uma orientação que deve ser complementada com a informação e a sugestão propostas por aqueles que o rodeiam. Por exemplo, se você está comprometido a perder peso, seguirá uma dieta e fará exercícios, mas também deve informar, ao seu instrutor, seu estado de saúde e os avanços no treinamento.

SEJA COMPASSIVO CONSIGO MESMO

Como incorporar a compaixão ao processo de aceitação? A compaixão está intimamente ligada à prática budista de libertação. À medida que a liberdade interna cresce, aumenta a própria capacidade para a compaixão; à medida que aumenta a compaixão própria, cresce a importância da liberdade. A libertação sustenta a compaixão, e a compaixão sustenta a libertação. Ambas se beneficiam quando andam de mãos dadas.

Para encontrar libertação, é preciso praticar a aceitação. Essa prática inclui um processo de autocompaixão em relação à nossa realidade ou problemática. E, quando aceitamos nosso entorno, incluindo as pessoas ou situações desafiadoras, exercemos, intrinsecamente, a compaixão por aquilo que é extrínseco.

A compaixão é uma forma de empatia e afeto que procura aliviar o sofrimento de alguém. É um dos mais belos sentimentos que uma pessoa pode experimentar, proporcionando um valioso significado à vida. Sua presença é celebrada pelo budismo como uma riqueza interior e como uma fonte de felicidade. Mas o budismo não deixa a manifestação da compaixão à mercê da sorte: tudo começa por incorporá-la em nossos processos diários de aceitação.

É possível desenvolver ativamente nossos sentimentos de compaixão e colocar de lado os obstáculos que nos bloqueiam, para que a aceitação esteja acompanhada de empatia, simpatia e humildade. Existem muitas coisas que podemos fazer para cultivar a compaixão como um aspecto central da vida:

- Em razão de as pessoas, às vezes, confundirem compaixão com aflição ou pena, é importante diferenciá-las. A compaixão não nos faz vítimas do sofrimento, enquanto que a amargura ou o sentimento de pena que os outros têm por nós, sim, nos faz vítima. Aprender a ver o sofrimento no mundo sem internalizá-lo e sem levar para o lado pessoal é muito importante: quando levamos para o lado pessoal, sentimos depressão ou angústia. O melhor caminho é sentir empatia, sem envolver nossos medos, apegos e, talvez, dores que não tenhamos resolvido.

- A prática de *mindfulness* é de grande ajuda. Com *mindfulness*, ou atenção plena, podemos enxergar melhor a nossa dor, suas raízes dentro de nós e o caminho para a libertação do sofrimento. Ao mesmo tempo, começamos a cultivar "a observação consciente" sobre a nossa dor, aceitá-la e nos libertar. É útil apreciar o valor de ficarmos presentes, abertos e atentos à dor, tanto a própria quanto a dos outros. Com frequência, precisamos dar um tempo a nós mesmos, para aceitar e processar experiências desafiadoras e permitir que as emoções difíceis se movam através de nós. Quando não se requer uma atitude imediata, ficar atentos à dor não demanda muita sabedoria nem técnicas especiais — necessita paciência, aceitação e perseverança.

- A atenção suave e plena em nossa dor aumenta a habilidade de sentir empatia pelos problemas alheios. Dá tempo para entender, aceitar e soltar. Mediante a prática de aceitar e soltar a reação habitual, tomamos um tempo para ver e sentir, mais profundamente, o que acontece. Isso permite que a empatia opere e que as respostas mais profundas surjam lá de dentro. Assim, a compaixão é evocada, e não criada intencionalmente.

- Algumas pessoas relutam para cultivar ativamente a compaixão, porque ficam preocupadas por serem pouco sinceras ou artificiais. Outros temem ser ingênuos sentimentalmente ou que isso os impeça de ver os outros com clareza ou de maneira realista, talvez, por temerem que se aproveitem deles se forem mais compassivos. Já que nossos esforços para sermos compassivos podem se desviar, é preciso considerar essas preocupações.

- Existem maneiras saudáveis para aumentar a compaixão. Uma possibilidade é criar condições que favoreçam seu florescimento. Isto é, em vez de forçar a compaixão em nós mesmos, podemos nos envolver em atividades que a promovam naturalmente.

ACEITE, ASSUMA E FLUA

- Outro requisito para cultivar a compaixão é o sentimento de segurança: para desenvolver uma vida confiante e compassiva, é preciso encontrar maneiras apropriadas de nos sentirmos seguros. Podemos nos fechar em casa para termos o sentimento de segurança, mas isso não acrescenta compaixão pelos outros. É mais útil aprender a nos sentirmos seguros em meio à confusão da vida. A prática da atenção plena ajuda a enfrentar ansiedades e devaneios. Também nos torna menos propensos aos sentimentos de ameaça.

- É importante não nos sentirmos obrigados a ser compassivos. Em geral, isso leva à autocrítica e às tensões, que interferem no surgimento da compaixão natural. O budismo não exige que sintamos empatia e preocupação, por nós ou pelos outros. Ele nos diz que temos a capacidade de ser compassivos e que isso é um benefício maravilhoso para nós mesmos, para os outros e para a prática de libertar nossas dores mais profundas. O enfoque pode estar em como a compaixão enriquece.

- Ter confiança em nossa habilidade para responder ao sofrimento, próprio e dos outros, facilita o sentimento de compaixão. Se nos sentimos impotentes, muito incomodados ou ameaçados pelos problemas, nossos e dos outros, a consciência do sofrimento pode trazer a sensação de ameaça pessoal. Desenvolver a capacidade de sentir compaixão tem muito a ver com o treinamento lento e paciente da atenção plena, que é fluir e soltar.

- Fortalecer a compaixão é entender e soltar aquilo que impede sua manifestação. Por exemplo, a tensão e o estresse limitam a compaixão. Quando estamos estressados, existe a preocupação em fazer com que a empatia aconteça. Entretanto, quando estamos relaxados, essa capacidade aumenta — a de sentir compaixão e amor.

SUPER-RESILIENTE

- O egoísmo e os devaneios bloqueiam a atenção e a sensibilidade necessárias para que surja a compaixão.

- Valorizar a compaixão facilita o seu surgimento no futuro. Poderíamos apreciar os benefícios que ela traz para os outros e para nós. A sensação de felicidade gerada valoriza a compaixão, que é muito atraente quando experimentada como fonte de felicidade e está relacionada com nossa liberdade interna. A compaixão pelos outros também traz alívio quando passamos muito tempo fechados em nosso próprio mundo.

- Outra condição que ajuda é refletir, deliberadamente, sobre a compaixão, seja através de uma leitura ou ao falar sobre ela com outras pessoas. O que pensamos habitualmente transforma-se em uma inclinação. Se pensarmos com frequência sobre o amor, a bondade e o cuidado pelos outros, os pensamentos relacionados à compaixão serão mais frequentes.

- Passar um tempo com pessoas que sejam compassivas. Geralmente, as pessoas presentes em nossa vida exercem influência sobre nós. Ver a compaixão nos outros pode incentivá-la em nós mesmos.

- Por último, compreender que a compaixão é uma expressão de amor ajuda a reconhecer o tesouro que ela contém. Quando surge da sua liberdade interna, ela se conecta a outras lindas qualidades do coração: o bem-estar, a calma, a clareza e a paz.

CAPÍTULO 09

Regra 3:
Observe e escolha a paz

> "O preço da liberdade é a eterna vigilância".
> **– THOMAS JEFFERSON**

PERGUNTE-SE:

- Eu destino alguns minutos por dia para me concentrar no presente?
- Invisto mais tempo em navegar pela internet ou frequentar as redes sociais do que em refletir sobre minhas metas?
- Quando uma pessoa não reage como eu espero, levo para o lado pessoal e me sinto agredido, rejeitado ou subestimado?
- Costumo dedicar algumas horas da semana a diversões com meu parceiro ou minha parceira, com meus filhos ou com meu animal de estimação?
- Quando atravesso uma crise, fico "preso" à negatividade que está associada à situação?

SEJA UM OBSERVADOR CONSCIENTE

Thomas Jefferson (1743–1826), terceiro presidente dos Estados Unidos, disse que "o preço da liberdade é a eterna vigilância". Com isso, ele quis dizer que, se não ficarmos atentos, poderíamos perder a liberdade democrática. No plano da resiliência, isso significa que não estar alerta, que é quando nossa consciência está fora do presente, as possibilidades de perder a liberdade de escolher, sentir e pensar aumentam. Ficaremos presos aos julgamentos, próprios ou alheios, e aos bloqueios mentais. Daí a necessidade de manter atento o seu observador consciente.

Segundo estudo da *Interactive Advertising Bureau* (IAB), realizado em 2017, dedicamos em torno de quatro horas diárias bisbilhotando as redes sociais ou navegando na internet sem propósitos investigativos ou relevantes; dormimos uma média de sete horas, conforme pesquisas realizadas por The Centres for Disease Control and Prevention (CDC); e passamos de duas a três horas diárias vendo TV, conforme constatou a empresa britânica reguladora dos meios de comunicação em 2017. Dedicamos tanto tempo a essas atividades que não sobram nem cinco minutos de observação consciente para iniciar e encerrar o dia. Vejamos algumas possibilidades para reverter esta situação:

PRATIQUE *MINDFULNESS*

Mindfulness é uma ferramenta para desenvolver seu observador consciente e para aprender a estar presente, escolhendo uma atitude neutra ou positiva frente às adversidades. As pessoas resilientes vivem no aqui e no agora. As culpas do passado e o medo do futuro não empalidecem o presente.

Os antigos orientais já sabiam como viver o presente, através da meditação e da contemplação. Nas duas últimas décadas, essa prática se sobressai e é empregada para aliviar condições físicas e mentais, além de controlar as emoções. O psicólogo Miguel Ángel Vallejo destaca que, na prática de *mindfulness*, a pessoa coloca seu foco no momento presente, sem interferir nem valorizar o que sente ou percebe a cada instante. A intenção é que as emoções sejam aceitas e vividas tal como são, sem serem evitadas ou controladas.

Os que vivem com dor física ou emocional costumam revestir suas experiências com julgamentos e opiniões que dificultam en-

OBSERVE E ESCOLHA A PAZ

contrar saídas. Em vez de se enclausurar nesses hábitos reativos, o exercício mental mindfulness ajuda a analisar os problemas e a reconhecer as possibilidades para solucioná-los. De acordo com um estudo realizado por pesquisadores da Northeastern University e da Universidade Harvard, publicado na revista *Psychological Science*, a prática de *mindfulness* nos faz mais compassivos e satisfeitos, por revelar as bênçãos que nos rodeiam. Observe este processo de seis passos para praticá-la:

1. É possível ter consciência
Mindfulness

2. Aproximarmos do desagradável
Aceitação e autocompaixão

3. Ir de encontro ao agradável
Curiosidade e apreciação

4. Um recipiente maior
Perspectiva e equanimidade

5. Conexão
Humanidade compartilhada

6. A escolha
Responder em vez de reagir

Mindfulness é observar o que você pensa e sente e determinar como está seu corpo físico em determinado momento. O objetivo é trazer a consciência para o agora. Se não estiver presente na realidade que o rodeia, seus pensamentos divagarão em acontecimentos passados, desvinculando-se da atual adversidade. Por outro lado, estar presente e observar seus pensamentos e suas emoções do momento redirecionarão esses pensamentos e emoções, assentando-os naquilo que você realmente está confrontando.

SUPER-RESILIENTE

A prática de *mindfulness* permite acessar esse processo de contemplação interna e externa e estabelece um objetivo diferente em seus pensamentos, para educar a mente, aprender novas formas de pensar e desaprender os hábitos e condutas emocionais que o manipulam. Como introduzir esta prática? Investindo alguns minutos por dia. Uma chave é respirar conscientemente. Isso implica fechar os olhos e observar como o ar entra e sai dos seus pulmões. Inalar e observar, exalar e observar. Essa observação consciente é um processo contemplativo: para realizá-la, você pode meditar, cantar um mantra ou permanecer em silêncio, observando o que chega à sua mente, sem juízos de valor. Vamos ensaiar um primeiro exercício:

- Feche os olhos e faça a seguinte tarefa: "Vou observar meus pensamentos". Em que pensa? Seu pensamento voará para os assuntos pendentes no escritório ou para a fatura do cartão de crédito. Ou seja, a mente viaja para o passado, para o presente e, ocasionalmente, para o futuro, fazendo um prognóstico das suas expectativas sobre o que pode acontecer ou não. Respire, inale, exale.

- Proponha-se: "Vou observar minhas emoções". As emoções são energia em movimento e seguem a direção ditada pela sua mente, para aquilo que traz ansiedade, em decorrência dos pensamentos que surgiram na primeira etapa desta atividade.

- Agora diga: "Vou observar meu corpo". Nesta fase, talvez, perceba seu sobrepeso ou um arranhão no joelho. Quando observa seus pensamentos, suas emoções e seu corpo, você faz um levantamento da situação, e isso o coloca no presente. Mesmo pensando ou sentindo coisas relacionadas ao passado ou ao futuro, o fato de observá-las faz com que venham para o presente.

- Depois de cumprir os passos anteriores, proponha-se a reconhecer o observador consciente, que observa tudo. Ele é você mesmo, a sua essência. Se parar para observar quem tem essa capacidade de "olhar" a sua mente, suas emoções e seu corpo, perceberá que é esse observador quem, realmente, está presente.

PRATIQUE A ESCRITA LIVRE

A escrita livre consiste em escrever seus pensamentos e sentimentos mais profundos. É muito eficaz, tanto psicológica quanto fisicamente, porque é um verdadeiro desabafo e ajuda a amenizar a carga emocional. Eu a recomendo amplamente, para começar a se desprender dos aspectos negativos que sufocam e a realinhar seus pensamentos com os aspectos mais produtivos.

Esta atividade libertadora requer poucas ferramentas. Pegue uma folha de papel e uma caneta, escreva o que vier à cabeça, não importa se não tiver ordem lógica ou se as palavras ou frases estiverem desarticuladas entre si. Trata-se de anotar o que vier à mente, sem nenhuma restrição. Tenha total liberdade!

Chegará um momento em que sua mente dirá: "Chega, acabou". Abandone a escrita livre e anote palavras que representem emoções. Por exemplo: "Estou triste", "Estou ansioso", "Estou preocupado". Quando terminar esta etapa, que pode durar uns cinco minutos, você sentirá alívio, porque a escrita livre é um modo de "esvaziar" a mente. Anote também os pensamentos e as emoções que comumente o dominam. Queime esse papel depois. As chamas agirão como um ritual de renúncia.

NÃO LEVE PARA O LADO PESSOAL

É certo que existem realidades que devemos assumir, porque não podemos modificá-las; é a forma como reagimos a elas que faz a diferença. Quando se coloca em seu observador consciente, percebe quem é você e identifica sua essência, evita o comportamento reativo emocional e os bloqueios provocados pelo julgamento. Ou seja, você não vê os problemas como uma afronta pessoal.

Muitas mulheres que são vítimas de abuso suportam a humilhação porque pensam que são responsáveis pelos ataques dos seus companheiros. Isto é, "levam para o lado pessoal, sentem-se culpadas e acreditam que merecem o castigo", diz o jornalista Christopher Barquero, para quem essa condição de tomar as coisas para si traz mais conflito.

Parte de assumir, aceitar e fluir, assim como de observar e escolher a paz, é não assimilar cada contrariedade da vida como um assunto pessoal. Assumir essa atitude só fará com que entregue seu poder aos outros e o trancará entre muros de culpa e raiva.

Levar tudo para o lado pessoal, como se o universo e as pessoas à sua volta confabulassem contra você, cria ressentimentos, rancor, frustração, preocupação e gera as típicas frases: "A vida está contra mim" ou "Ninguém me entende". Você se faz de vítima. Pensar assim faz com que perca a capacidade de análise e de interpretar a verdadeira intenção dos outros. Não dê ao mundo o poder de manipular você emocionalmente! Você não é um teclado de computador que reage cada vez que uma tecla é apertada.

FAÇA COM QUE SEJA UMA BRINCADEIRA

A brincadeira é uma atividade que desenvolve a capacidade de aprendizagem na criança que, durante os primeiros anos, explora, através dessa prática, para saber como funciona o mundo e modela a própria conduta. Mas não é só uma coisa de crianças. A utilidade da brincadeira, nos adultos, foi demonstrada cientificamente: brincar está diretamente relacionado ao córtex pré-frontal e à região cerebral responsável pela cognição, as mesmas áreas do aprendizado e da estimulação da consciência.

OBSERVE E ESCOLHA A PAZ

> "Não paramos de brincar porque ficamos velhos, mas ficamos velhos porque paramos de brincar". – **BERNARD SHAW**

Quando brincamos, imaginamos cenários e exploramos aspectos novos, para encontrar soluções que nos ajudem a resolver os problemas de forma criativa. Martin Seligman, impulsor da psicologia positiva e autor do livro *A felicidade autêntica*, afirma que os três pilares da saúde mental são o amor, o trabalho e a brincadeira. De fato, diversos estudos apontam os benefícios terapêuticos das brincadeiras para os adultos, assim como para tratar casos de depressão, ansiedade e estresse.

Fazendo algo que gostamos, pelo simples fato de desfrutar, a nossa forma de ver a vida muda positivamente. Faz-nos sentir livres e cria mais equilíbrio em nossas obrigações. Katherine Puckett, diretora nacional do Centro de Medicina Mente-corpo para Tratamento do Câncer, dos Estados Unidos, afirma que, ainda que seja uma doença grave, a brincadeira ilumina o estado de humor e beneficia a saúde por meio do riso.

O doutor Eliseo Goldstein, autor de vários livros de psicologia, sugere brincadeiras entre os parceiros conjugais, com a família, com os colegas de trabalho, com os amigos, com as crianças e com os animais de estimação, para transformar nossas emoções e experiências negativas: quando brincamos com os outros, compartilhamos a alegria, o riso, a diversão e reforçamos o senso de comunidade.

Atrevo-me a romper um paradigma pessoal com o seguinte: brincar inclui os *videogames*. Então, experimente algum que o entusiasme, que relaxe e o reconecte com sua criança. Nesse tempo de alegria, criamos laços mais estreitos e desfrutamos da presença uns dos outros. Funciona como um calmante e ajuda a abstrair das exigências da vida cotidiana. O adulto que brinca desenvolve defesas contra a frustração e expressa, de forma sadia, seus sentimentos e emoções. Não existem limites físicos nem de idade para brincar.

CAPÍTULO 10

Regra 4:
Utilize tudo para aprender, crescer e avançar

> "Muitas pessoas conquistam seu sucesso maior depois de passar pelo que poderia parecer seu grande fracasso". – **BRYAN TRACY**

PERGUNTE-SE:

- Eu considero que me conheço o bastante?
- Eu me importo muito com o que os outros pensam de mim, mesmo sendo pessoas desconhecidas?
- Aprendi alguma coisa dos momentos críticos do passado?
- Qual aspecto do meu caráter não me agrada ou me envergonha? Desde quando e por quê?
- Acredito quando dizem que ninguém aprende com a cabeça alheia?

Os Seminários Insight® adotam três regras fundamentais em seus eventos e programas:

1. Utilizar tudo para crescer, aprender e avançar.

2. Cuidar de si mesmo para poder cuidar dos outros.

3. Não se ferir nem ferir os outros.

SUPER-RESILIENTE

Nas páginas seguintes, o foco estará na primeira regra: utilizar tudo para crescer, aprender e avançar. O que acontece em sua vida, seja bom ou ruim, quer você goste ou não, seja o que você esperava ou um imprevisto, você pode utilizar para sair da sua zona de conforto e se expandir para aprender uma lição e, claro, para agir. Se alimentar essa postura interna como princípio de vida, não existirão situações adversas ou difíceis, senão cenários que desafiam a determinar qual é o ensinamento a ser assimilado.

Como cresci, aprendi e avancei depois dos eventos que provocaram minha crise? A morte do meu pai pode ter-me arrastado para uma situação de dor inconsolável, devido à repentina ausência de um líder em casa. Ao aplicar a regra de utilizar tudo para crescer, aprender e avançar, solicitei, a cada membro do meu círculo familiar mais próximo, a responsabilidade de ser o líder de sua própria vida. Mais que buscar uma figura substituta ou um guia que cuidasse de nós, como era meu pai, começamos a identificar, internamente, uma forma de nos convertermos em nossos próprios guias.

Aquele terrível acontecimento acelerou o amadurecimento de meus irmãos. Começamos a ser responsáveis por nossas vidas. Ainda que a experiência fosse dolorosa, aprender com ela me deixou mais centrado, independente e disposto a me arriscar. Essa experiência elevou minha consciência em relação ao que significa ser livre.

O que aprendi com o fato de meu nome constar na lista do Alerta Vermelho da Interpol? Ficar impossibilitado de viajar me obrigou a me reinventar, a aprender mais de tecnologia para realizar tarefas a distância e, mediante as facilidades digitais, aproximar-me dos familiares, amigos e clientes que ficaram para trás. Aprendi que eu podia estar presente de outra forma, não necessariamente física, como: surpreender minha mãe com um vídeo ou um buquê de flores, enviado por intermédio de um aplicativo eletrônico.

Além de preparar meu caráter para futuras crises, capitalizei aquela experiência em um livro, destinado a inspirar outras pessoas a utilizarem a experiência negativa como um trampolim para seguir adiante. Valho-me da experiência dolorosa para mostrar que todos nós podemos ser resilientes e sair fortalecidos de nossas adversidades. Para ilustrar essa afirmação, nada melhor que as palavras de Sérgio Roldán:

> Que mestres são o medo e as dúvidas!
> Que mestres são a vontade e a esperança!
> Que motor tão potente e milagroso são as sensações humanas!
> Estas que até os deuses invejariam, ou nos concederam em sua maior fé.
> Que mestre é o caminho!
> Como é importante abandonar o desejo persistente de controlar, para ESCUTAR e, desse lugar, sentir e escrever nossa vida com cada passo, com confiança interna e externa!

AUTOCONHECIMENTO: DESCUBRA QUEM É VOCÊ

Conhecer quais são nossos pontos fortes e habilidades, assim como as limitações e fragilidades, ajuda-nos a traçar metas mais objetivas e realistas, bem como identificar os aspectos que podemos melhorar. O autoconhecimento permite reconhecer e expressar as emoções, sobretudo nos momentos em que estamos na etapa do desalento. Isso está integrado aos seguintes conceitos:

- **Autopercepção:** é a capacidade de nos percebermos como indivíduos portadores de qualidades e características singulares.
- **Auto-observação:** é conhecer a nós mesmos, o que inclui condutas, atitudes e circunstâncias que nos rodeiam.
- **Memória autobiográfica:** é a construção da história pessoal.

SUPER-RESILIENTE

- **Autoestima:** é o valor que cada um dá a si mesmo.
- **Autoaceitação:** é a capacidade de aceitar-se, assim como você é.

Existem vários caminhos para nos conhecermos. Cada pessoa pode idealizar o seu. Proponho aqui três possibilidades para empreender a tarefa crucial de nos entendermos internamente, como seres humanos:

- **Quem sou:** pegue três folhas de papel. Na primeira, anote quem você acredita que é; na seguinte, quem deseja ser; e na última, como vai conseguir.
- **A linha da vida:** em uma folha, trace uma linha horizontal que represente sua vida. Marque um ponto médio que represente seu agora e comece a anotar as diferentes situações e experiências marcantes, vividas no passado. Esta é uma forma de se conscientizar daquilo que considera relevante em sua existência. Depois, na parte da linha referente ao futuro, descreva seus objetivos para curto e longo prazo e o que fará para consegui-los.
- **Diário de emoções:** anotar emoções evidencia muitos detalhes de nós mesmos, de outras pessoas ou de diferentes situações.

> "De todos os conhecimentos possíveis, o mais sábio e útil é conhecer a si mesmo".
> – **WILLIAM SHAKESPEARE**

LEMBRE-SE DE SUAS RECUPERAÇÕES

Certa oportunidade, já morando nos Estados Unidos, fui demitido de um trabalho. Quando soube da notícia, senti raiva e indignação pela forma como fui comunicado e pelas discrepâncias das mensagens enviadas por aqueles que haviam me contratado. Mas, quando lembrei as situações que superei, notei o quanto sou afortunado. Foi aí que encontrei a chave-mestre da resiliência: ter consciência da forma como saímos fortalecidos dessas experiências amargas.

Suas vivências antigas, ainda que dolorosas, são motivações resilientes: se você foi capaz de superar as aflições, está apto a ganhar novas batalhas. Mude o foco. Em vez de se fazer de vítima das circunstâncias, aprecie essa situação como um desafio que foi lançado. Considere suas recuperações como paradas de uma viagem, não fracassos que vão se acumulando em sua contabilidade pessoal.

APRENDA A REFLETIR: PRATIQUE A AUTOCONTEMPLAÇÃO

Ouvi uma frase maravilhosa em uma audioconferência de John-Roger Hinkins: "Quando resistimos à nossa natureza divina, cometemos um ato de violência contra nós mesmos". A capacidade de observar é uma qualidade presente em nossa natureza divina. Se os pensamentos negativos nos sabotam, se nos deixamos subjugar por paradigmas que paralisam, se as ideias correm em todas as direções e nos afundam na confusão, a saída é simples: observar — este é o pré-requisito para a reflexão.

Meu convite é para começar imediatamente. Observe que tipo de pensamentos você tem neste momento. Talvez seja de alguma situação do passado, de perceber que continua suscetível a uma dor antiga. Você está amadurecendo uma reflexão. Agora, incorpore pensamentos positivos e reconheça que você tem o poder de se conscientizar. Essa observação inclui as coisas que acontecem dentro e fora de você.

Agora, atente-se para sua respiração. Perceba como o ar entra e sai dos pulmões. Observe também essa parte sua que contempla tudo. Como seria se, desse lugar de observação, você revisasse a experiência adversa que requer a sua resiliência? Imagine a história que você está vivendo neste momento.

Observe a sua vivência. Traga essa experiência que está vivendo, ou que viveu, para o seu consciente. Lembre-se, você pode chorar, negar a situação ou sentir raiva. Agora, visualize seu processo de aceitação. Imagine que começa a se movimentar, aceitar desafios, agir com determinação. Você se move mais além da dor e da tristeza.

Observe como a sua mente representa aquele momento e volta. Agora, você está aqui. Respire. Imagine sua mente livre, agindo do jeito que gostaria de se comportar, o tempo todo. Ela pode trazer essa negatividade para o presente ou substituí-la com uma imagem positiva. Mas você deve observar. A única forma de direcionar a mente é dedicando tempo a observá-la.

Quanto tempo dedica a si mesmo, para observar e refletir? Tomamos banho e comemos todos os dias, mas nos esquecemos de dedicar uns minutos para realizar essa tarefa tão necessária, que é refletir sobre nós mesmos. Faça da observação uma prática diária, para desfrutar duas de suas principais vantagens: fazer higiene mental e reavivar os pensamentos positivos.

Que tipo de pensamentos podemos pintar sobre essa tela que é a mente? Aqueles que conectam com as qualidades percebidas em si mesmo, em algum momento da vida, quando você foi um guerreiro. E continua sendo.

REESCREVA SUA HISTÓRIA

Pesquisas sobre a escrita expressiva mostram que as pessoas que reformulam seus passados conflituosos para uma oportunidade de crescimento obtêm melhores resultados do que aqueles que se lembram da experiência fatídica a partir de uma ótica desalentadora. Reescreva sua história pessoal difícil, ressignifique-a com seu olhar responsável.

UTILIZE TUDO PARA APRENDER, CRESCER E AVANÇAR

Este exercício revela como analisamos nossa vida: assumindo papel de vítima, ou como uma pessoa que se responsabiliza pela situação e aprende com a experiência. As vítimas falam só das coisas ruins que aconteceram. Quem escolhe reescrever sua história, posicionando-se com responsabilidade e trazendo o poder de volta para si, gera emoções diferentes e aproveita a experiência como uma plataforma para melhorar. Além disso, reescrever a história pessoal facilita o aprendizado daquilo que viveu e molda a forma de ver o mundo.

Recupere seu poder questionando a história que tem dominado a sua vida. Pergunte-se: "Ela está completamente certa?"; "Que emoções e sentimentos são gerados quando eu penso no que aconteceu?"; "Quem seria eu e como me sentiria se isso não existisse na minha vida?". Se suas respostas indicam que esses roteiros geram sentimentos e emoções negativas, decida ressignificar, para que sejam favoráveis a você. Despoje-se dos adjetivos nocivos e observe a situação com amor e aceitação.

APRENDA COM OS OUTROS

Muitas vezes, necessitamos viver a experiência para assimilar o ensinamento, mas também existem pessoas que aprendem com a informação recebida de seu entorno. Se nosso sistema de aprendizagem é capaz de receber noções daqueles que nos rodeiam, das ações e formas de antecipar que essas pessoas utilizaram, poderemos prevenir muitas situações.

> "Os seres humanos aprendem com a lição ou com a informação". – **JOHN ROGER**

Em tempos difíceis, lembre-se de que outras pessoas, como os refugiados de guerra, ou um amigo que enfrentou uma terrí-

SUPER-RESILIENTE

vel doença, sofreram mais do que você. Pude sentir o poder das pessoas que superaram doenças terríveis, ou amigos que vivem com HIV e que agora desfrutam de um estado até mais saudável que o meu. Isso me conecta com esse impulso resiliente e me faz refletir: "Se eles são capazes de lutar com isso, eu também tenho essa capacidade!".

Observe como uma pessoa foi resiliente e avalie a forma como utilizou suas ferramentas internas. Através dessa vivência alheia, você terá referências para o seu desempenho.

CAPÍTULO 11

Regra 5:
Alimente seu orgulho de sobrevivente

O que é a resiliência e como ela nos ajuda a ficar em pé diante das adversidades? Quais são as características das pessoas resilientes? Todos nós podemos ser assim? Saber do que se trata é o primeiro passo para nos assumirmos resilientes.

> "A última medida de um homem não é onde ele se encontra nos momentos de conforto e conveniência, mas nos momentos de desafio e controvérsia". – **MARTIN LUTHER KING, JR.**

PERGUNTE-SE:

- Que emoções eu sinto quando tenho que arriscar?
- Sinto necessidade de ter pessoas mais fortes ao meu lado, para ajudar-me a enfrentar a adversidade?
- Mantenho um relacionamento abusivo, meu parceiro me maltrata psicologicamente?
- Continuo no mesmo trabalho de que não gosto, mesmo pensando que mereço algo melhor?
- Coloco limites para as pessoas quando sinto que elas abusam ou zombam de mim?

O orgulho do sobrevivente é encontrar seu valor interno e perseverar na intenção de seguir em frente. O sobrevivente interno

SUPER-RESILIENTE

se mantém alerta e espera a oportunidade de se encarregar e assumir o comando, para aproveitar as oportunidades que toda crise oferece.

Ele está vinculado à autoestima, para se valorizar e se reconhecer como um ser humano capaz de ter uma vida melhor. Procura não ficar enganchado no passado e nutre o respeito por si mesmo, aquele sentimento de que você vale a pena. O orgulho do sobrevivente é admitir que, sim, é possível. Que merece se libertar das dificuldades, que é digno de se recuperar e ser feliz.

É a característica espiritual que distingue os esportistas com deficiências físicas, que poderiam estar em casa, lamentando sua situação, mas decidiram superar a prostração. "Estes atletas não são deficientes, são supercapacitados. É nos jogos olímpicos que os heróis se constroem. E é nos jogos paraolímpicos que os heróis chegam", afirmou o autor, publicitário e homem de negócios norte-americano Joey Reiman. Que orgulho de sobrevivente tão grande esse de quando alguém se eleva acima do sofrimento que o acompanhará para sempre!

Pensar que perdemos algo a que estávamos apegados leva ao desalento e à sensação de fracasso. Existem ocasiões em que essa perda — seja a posição econômica ou o status — é externa. "Que lamentável! Eu não sou mais o diretor do banco", "já não sou o conceituado consultor", cheguei a me dizer. Mas antes de ser engenheiro, facilitador ou *coach*, acima de todos esses papéis e títulos, passíveis de perda a qualquer momento, sou um ser humano. Aí está o legítimo orgulho do sobrevivente!

Quando tem a consciência do primordial — de ser um ser humano valioso —, você se conecta com seu orgulho de sobrevivente. A conexão com essa fonte interna de amor e autoconfiança é necessária e faz com que diga a si mesmo: "Se fui capaz e continuo sendo, eu consigo sair dessa!".

Vivemos em um mundo sem rumo previsível. É a chamada "sociedade líquida", que não mantém a mesma forma por muito tempo. Mas existem ocasiões em que não estamos conscientes o bastante para reconhecer que permanecemos horas e horas sobrevivendo neste mundo instável. Estamos tão enfiados na rotina, nos rituais que criamos, nas adversidades, na dor e no desalento, que esquecemos que já somos sobreviventes pelo simples fato de vivermos em um contexto tão incerto.

Este mundo de rotina e volátil, ao mesmo tempo, não permite que paremos para refletir sobre os muitos desafios que superamos, dia após dia! Quando você para e reconhece o que conseguiu para chegar aonde está, está se conectando com seu orgulho de sobrevivente. E pode dizer: "Olhem do que eu sou capaz!".

Se já tiver consciência de sua essência humana e dos recursos que carrega internamente, para lidar com os muitos desafios do mundo de hoje, você já pode se assumir como uma pessoa resiliente.

> **Qual é a característica e a qualidade fundamental de um "ser humano"? Que nos equivocamos e podemos escolher aprender com o erro.**

SEJA O PROTAGONISTA DA SUA VIDA: AUTONOMIA

Quando é o protagonista da sua vida, a história gira ao seu redor. Mas quando se sente um ator coadjuvante, levado pelas circunstâncias, a história gira em torno do seu drama. Além disso, muitos assumem sua história pessoal como uma tragédia épica, da qual são os protagonistas, ainda que esse protagonista seja um ator dramático, e não um herói que termina vencendo.

Ser o protagonista da sua vida significa conectar-se com a sua autonomia. As pessoas resilientes estão convencidas de que podem influenciar os acontecimentos que as envolvem. Mas se faltar autonomia, você caminhará pela vida responsabilizando os outros e sustentando-se, exclusivamente, nas muletas do apoio social, dependente de assistência e ajuda externas.

Conscientize-se do seu potencial e de suas limitações

Para se conectar com seu orgulho de sobrevivente, você precisa estar consciente de suas fortalezas e fragilidades. E, com base nesse conhecimento, avançar. Para isso, procure e aproveite as oportunidades de autodescobertas, para conhecer bem a si mesmo.

Como já disse em várias partes deste livro, existem muitos caminhos para chegar ao autoconhecimento: meditar, viajar com um objetivo, recorrer aos serviços de um *coach*, fazer cursos e consultar livros de autoajuda são instrumentos para abordar as situações difíceis e enfrentá-las, com o intuito de conhecer a si mesmo.

NÃO SEJA UM "DESERTOR"

Ou você é um sobrevivente ou é um desertor. Fugimos para estarmos a salvo e nos esquivarmos do perigo. Afastar-se do que nos machuca é um desejo muito comum, mas nem sempre é a solução: postergar ou ignorar os problemas adia o enfrentamento com aquilo que gera dor.

Quando a fuga é de um perigo externo, o problema pode até ser superado sem complicações. O desafio consiste em enfrentar nossos fantasmas internos, que sempre nos acompanharão. A longo prazo, fugir de si mesmo só aumentará as dificuldades. Esse tipo de escapismo pode ter muitas formas, desde vício em drogas e em álcool ou como eu faço para evadir: trabalhar muitas horas sem que os compromissos assim exijam.

Quando se posiciona como desertor, você escolhe não aceitar que tem em mãos a possibilidade de ser diferente. Vem daí a importância de lidar com as facetas da sua personalidade, aquelas que o incomodam, sem importar quão perturbador possa ser o processo.

ALIMENTE SEU ORGULHO DE SOBREVIVENTE

Um jeito excelente de não ser um desertor é repetir mantras positivos, como: "Eu consigo fazer isso". Mas não fique nisso. Na sequência, tome medidas que cumpram seus objetivos. Adiar o enfrentamento, momentaneamente, também ajuda, é uma oportunidade de tomar fôlego para mudar a perspectiva. Nesse caso, não se trata de fuga, mas de reflexão.

FAÇA AFIRMAÇÕES POSITIVAS

A cantora Lady Gaga é um bom exemplo da influência que os nossos decretos exercem. A intérprete revelou que recorre às afirmações positivas para potencializar sua consciência. Em uma entrevista para a revista *Massive Music Mondays*, confirmou que "as afirmações positivas ajudam a mente subconsciente a atrair sucesso e melhorar nossa vida". Como um mantra. Ela afirma, todos os dias: "A música é minha vida, a música é minha vida. A fama está dentro de mim, conseguirei um *hit* no primeiro lugar". E olhem os resultados que essa prática lhe conferiu — mais de 150 milhões de *singles* vendidos!

Decretar aquilo que deseja para sua vida, através de afirmações, ajuda a substituir as crenças limitantes do tipo "Não consigo" ou "Não sou capaz" por convicções poderosas que impulsionam seu orgulho de sobrevivente. Assim como as pessoas oram nas igrejas ou meditam, repetir uma afirmação é uma oração dirigida a si mesmo.

A afirmação, ou mantra, que pratico desde 1988 inclui as palavras *aceitação, fluir, liberdade e fortaleza*. Em muitos momentos, pude me perceber com aceitação, com fortaleza e com liberdade; mas quando entrei em crise, esqueci minha essência. Essa afirmação me ajudou me a conectar, novamente, com meu eu verdadeiro e a aprofundar minha conscientização. Sinta-se livre para usá-la ou escolha uma que apoie a sua transformação resiliente.

Essas afirmações potencializam a chamada Lei da Atração. Essa lei afirma que os pensamentos, conscientes ou inconscientes, devolvem ao indivíduo uma energia similar à irradiada. Segundo estudos, a mente humana gera entre 50.000 e 70.000 pensamentos inconscientes durante o dia. Muitos deles são negativos. Ao implementar práticas positivas, como fazer afirmações, manifestamos desde uma área de ação inspirada e transformamos a vibração energética. Pensar positivo atrairá positividade para sua vida.

A Lei da Atração ajuda a criar metas materiais, mas também emocionais, que são muito mais importantes, para o manter no comando quando sentir que seu autocontrole começa a vacilar. Ela se baseia em dois princípios essenciais:

1. Sua vida pode mudar se escolher pensar conscientemente.

2. É impossível sentir-se mal o tempo todo quando seu foco está em ter pensamentos saudáveis.

Se direcionar seus pensamentos para o lado positivo e se sua fortaleza estiver presente, essa ação gera endorfinas que o entusiasmam e o colocam em ação. Não se trata de enganar-nos para descrever nossa situação. Naquele momento determinado, pode ser que não alcancemos o sucesso esperado, o que não significa que estamos "vivendo em uma mentira" quando visualizamos e desejamos profundamente. São duas coisas diferentes.

Muitas pessoas bem-sucedidas reforçam sua disposição, para conquistarem seus objetivos, olhando-se no espelho e afirmando frases como: "Tenho um grande dia pela frente". Dessa forma, as ações se revestem de positividade desde as primeiras horas da manhã. Como construir uma afirmação? Da seguinte forma:

Eu sou + Nome + Qualidades + Verbo empoderador + Final

O "eu" é primordial, porque o responsabiliza, seguido do seu nome, para estabelecer um compromisso consciente consigo mesmo. Em seguida, use um verbo poderoso, que ative sua consciência e o leve a agir. Alguns exemplos de verbos que podem ser utilizados: sou, estou, atraio, acredito, manifesto, decido, determino, escolho e consigo.

Na sequência, acrescente a qualidade que deseja manifestar e o "final", na forma de intenção conclusiva. Segue um exemplo: "Eu, Jacques, sou aberto e focado, vivendo plenamente".

Proponha-se repetir, várias vezes por dia, esses decretos para que se instalem gradualmente em sua mente, como o *software* de um computador. O que você manifestar em seus decretos enraizará no seu consciente e subconsciente, até se converter em uma crença que se reflita em sua ação.

ANTECIPE

Sem deixar de viver o presente (para estar em resiliência, é necessário estar no aqui e no agora), antecipar que, no futuro, pode acontecer alguma contrariedade é uma forma de se condicionar a prevenir e/ou tomar as medidas necessárias desde já.

Quando se prende atrás das grades dos pensamentos negativos, do tipo "Esse trabalho me desgasta" ou "Esta situação que estou vivendo me afeta muito", você está engarrafado no passado. Mas um traço essencial de orgulho de sobrevivente é o alerta: "Preciso me cuidar" ou "Não tenho muitas alternativas, então, colocarei limites". Portanto, para se antecipar, é necessário centrar-se e examinar seu presente imediato, para identificar as crises possíveis de acontecer — essas, você pode prevenir.

Existem pessoas que colapsam e imobilizam quando recebem a notícia de que são portadoras de uma doença terminal. Outras se reconciliam com seu entorno, organizam seus documentos ou se aproximam dos amigos e familiares com quem tinham diferenças, para pedir desculpas ou perdoar aquilo que acreditam ser necessário perdoar. Essa organização é antecipar-se a um fato inevitável.

Contarei duas histórias para explicar esse ponto. Antes de morrer de câncer de fígado e de uma senilidade prematura, meu padrasto esquecia as coisas e submergia em estados emocionais alterados. O trauma não permitiu que ele se reconciliasse com vários membros da família nem que organizasse um testamento dos bens a serem herdados. Nem sequer uma frase, como: "Isso é da minha esposa, que seja ela a fazer essa partilha". Essa confusão levou minha mãe ao envolvimento com os filhos do primeiro e segundo casamentos do meu padrasto, em virtude do legado de vários bens.

Muito diferente disso foi o que aconteceu com uma amiga que mora no Chile. Ela me contou que seu pai organizou seus compromissos assim que soube da morte iminente. Ele guardou, no cofre, vários envelopes numerados. No primeiro envelope, estava o testamento. No segundo, dinheiro vivo para pagar os gastos funerários. No terceiro envelope, as senhas bancárias e os títulos de propriedade. E assim: "Meu pai deixou tudo organizado, facilitou muito a minha vida", conta minha amiga.

Ainda que tenha muitos anos de vida pela frente (espero!), mantenho tudo em ordem. Um seguro de vida que beneficiará meus irmãos, pois não tenho filhos; os títulos de propriedade dos meus bens, todos regularizados; um documento com os detalhes das contas bancárias; e testamento com diversas instruções. Para quê? Caso eu morra, que seja mais suportável para os meus familiares. Antecipar-se é uma forma consciente de enfrentar as transições inevitáveis.

DESAFIE-SE QUANDO TOCAR O FUNDO DO POÇO

As pessoas costumam brincar quando um objeto cai no chão: "Daí não passa". O mesmo acontece com as pessoas quando chegam ao fundo do poço. Aqui, o fundo do poço significa o auge do desconsolo por não havermos cumprido as exigências impostas pelo ego.

ALIMENTE SEU ORGULHO DE SOBREVIVENTE

Em poucas palavras, o ego é o aspecto da identidade mediadora entre nós e o mundo que nos rodeia. Vários estudiosos sustentam que é muito útil para identificar nossos atributos, além de ser uma excelente ferramenta de crescimento pessoal, quando canalizado assertivamente.

O problema é quando o ego transborda ao ponto de se tornar uma máscara social que nos distancia, cada vez mais, daquilo que somos. O ego, às vezes, é um tirano que dita o que devemos conseguir e ser, para estarmos satisfeitos; ele nos estimula a receber elogios e aprovação dos outros e, também, a termos o controle das situações.

O ego escolhe o que quer e o que não quer. É como se dissesse: "Gosto disto, isso me entedia". Sob seu comando, você pensa, sente e age de acordo com esse falso ser que deseja dominá-lo. Quando não atendemos a suas expectativas, atravessamos uma crise de identidade pessoal e não compreendemos por que nos sentimos vazios ou azarados. Chegamos ao fundo do poço.

Um dos sinais para saber se você tocou o fundo é perder a paixão, os sonhos e o interesse pelo que o rodeia. Nesse momento, seus comportamentos conturbados e irracionais se revelam. "É chegando ao fundo desse poço que consegue saber quem você é, onde começa a pisar firme, ainda que seja através da amargura e da degradação", apontou o escritor e economista espanhol José Luis Sampedro. Se você não chegar ao inferno, os comportamentos errados continuarão passando despercebidos, sob um sentimento de negação que, no final das contas, provoca maior desequilíbrio.

Tocar o fundo do poço não é o problema. Todos nós já estivemos lá, em algum momento. O problema é ficar lá. Este é o momento de iniciar a subida e romper as correntes do ego. O primeiro passo é desafiar a si mesmo! Assuma metas pequenas, fazendo aquilo que considera ser melhor para você. Se aquele que chega ao fundo reconhecer que se encontra imerso na desesperança, buscará ajuda para se reinventar, para desafiar sua essência a dar um golpe de Estado no ego e retomar o poder.

SUPER-RESILIENTE

Não se trata de sair do poço com um único salto. Levante cedo e vá correr, ou faça um pouco de exercício físico, escute sua música favorita, ofereça-se como voluntário em algum projeto ou faça uma lista com planos futuros. Mexa-se! E atraia a energia positiva que vem com o movimento.

IMAGINE E VISUALIZE

A visualização é uma mescla entre a imaginação, os sonhos e a consciência. Carece de limites e é um veículo poderoso para criar comportamentos, experiências futuras e programa a mente para que flua a favor do nosso bem-estar.

Visualizar é permitir que nossa mente nos leve aonde queira, seja para uma situação presente ou futura, a fim de conferir todas as possibilidades.

Já que o cérebro supõe que a imaginação seja uma experiência real, crie uma imagem mental com suas metas. Essas metas existem primeiro na imaginação, depois na vontade exercida para alcançá-las e, finalmente, na realidade.

As declarações ou determinações positivas, de que falei em parágrafos anteriores, podem ser feitas por pensamentos, internamente, ou por palavras proferidas; e também por representações visuais, imagens da sua vida sendo como você quer que seja. É uma técnica semelhante à meditação, no entanto mais ativa, na qual você deve deixar de fora aquilo que não se relaciona aos seus sonhos e metas. Então, visualize a si mesmo já recuperado da crise, sereno e satisfeito por ter superado as vicissitudes.

> "Se é possível imaginar, é possível fazer".
> – JULIO VERNE

ALIMENTE SEU ORGULHO DE SOBREVIVENTE

Digamos que você queira imaginar que, depois de ficar desempregado, consegue um emprego mais satisfatório. Imagine seu escritório novo, o mobiliário, a cadeira giratória atrás da mesa. Não poupe detalhes. Visualize a lixeira debaixo da mesa, a cor do tapete aos seus pés, a xícara de café ou de chá fumegante ali, diante do computador. Permita que sua imaginação voe em direção à plenitude e ao bem-estar! Depois, escreva isso em um lugar específico.

CAPÍTULO 12

Regra 6:
Abra-se ao apoio social

> "A amizade começa onde termina ou esteja concluído o interesse". – **CÍCERO**

PERGUNTE-SE:

- Como enfrento minha crise: sozinho ou me abro para receber apoio e ajuda das pessoas à minha volta?
- Tenho disposição para conhecer pessoas que estão fora da minha zona de conforto?
- Enfrento minha crise com otimismo ou enfatizo dramaticamente a minha condição?
- Com que frequência eu busco aprovação dos outros?
- Tenho a sensação de que muita gente à minha volta não agrega nenhum valor à minha vida?

Na resiliência, você deve explorar os benefícios que o apoio do próximo oferece, sem se entregar à negatividade e à dependência, mas entregando-se à interdependência saudável e recíproca, que deveria caracterizar naturalmente as relações humanas. O apoio social é um dos elementos fundamentais para combater a sensação de abandono, que insiste em curvar você durante o processo de luto.

O apoio externo ajuda a recuperar a autoconfiança, para novamente decolar e para renascer. Ele dá sensação de solidez e que o mal passará. Espanta a incerteza, a dor, a solidão, a ausência e

SUPER-RESILIENTE

o medo do futuro. O apoio social o conecta com sua linguagem interna e você começa a dizer coisas positivas a si mesmo.

O primeiro passo para receber apoio é estar aberto a recebê-lo. Não obstante, muitas pessoas não se sentem merecedoras da ajuda externa quando estão em crise; ou aquelas que têm personalidade protetora são acostumadas a ajudar os outros, e estas tendem a sentir desconforto no momento de aceitar o apoio externo. Algo parecido aconteceu comigo.

John Morton, que sempre esteve presente no meu processo de resiliência, fosse através de *e-mails*, ligações ou eventuais encontros, como em seminários e conferências, em uma oportunidade, presenteou-me com as seguintes palavras: "Jacques, você passou anos se doando. Agora é seu momento de receber". Essa frase me revelou que, pela lei da reciprocidade, era minha vez de colher o que havia semeado. Abrir-nos a receber apoio dos demais requer humildade.

Não nego que, às vezes, foi difícil. Quando era jovem, ganhei uma bolsa de estudos e comecei a trabalhar aos 18 anos, dando aulas particulares de matemática e física, inclusive como monitor na universidade onde estudei engenharia. Desde os 23 anos de idade, habituei-me a ser independente e a bancar meus gastos.

Antes de embarcar em minha crise, fui um consultor, *coach*, conferencista muito solicitado e era sócio de um negócio bem-sucedido de restaurantes em Caracas. Quando esse mundo desmoronou, não foi fácil me abrir à ajuda externa e mesmo à caridade de outros.

Essa lição de humildade significou reconhecer que as várias pessoas que me apoiaram foram maravilhosos instrumentos para uma retribuição de amor, apoio e palavras de conforto. Ainda agora não consigo explicar com palavras. Ninguém dá tanto quanto eu recebi. Por isso, as linhas subsequentes, nas quais falo sobre a importância do apoio social, estão recheadas de agradecimento às pessoas que me ajudaram a persistir.

ABRA-SE AO APOIO SOCIAL

AS TRÊS FACES DO APOIO

Os seres humanos costumam enfrentar os desafios de três maneiras: sozinhos, com apoio e com ajuda. É importante ter muito claras cada uma dessas três instâncias, para reconhecer essa atitude favorável e quando ela é necessária. Diferentemente disso, a atitude será a de descarregar todo peso de nossas responsabilidades sobre os ombros de terceiros.

Sozinho

Quando enfrenta um desafio sozinho, significa que se sente independente e autônomo. Recomendo não abusar dessa atitude: uma pessoa resiliente reconhece a importância do trabalho em equipe e pede ajuda quando necessita.

Apoio

O apoio envolve admitir companhia, consolo e conselhos, para solucionar o problema. É um impulso resiliente que nos anima a caminhar, a nos envolvermos e a agir. Essa orientação segue o ditado segundo o qual o outro o ensina a pescar para que você aprenda a pegar o peixe com suas próprias mãos.

Ajuda

Admitamos: quando estamos imersos na inação ou na paralisia produzida pelo bloqueio emocional, em alguns casos, é necessário que façam as coisas por nós. Ao ajudar, depositam o peixe diretamente em nossas mãos. Ainda que, em crises extremas, seja necessário que isso aconteça, é importante retomar, paulatinamente, o controle da situação, para que a ajuda não se transforme em dependência.

Tanto no apoio quanto na ajuda, todo aquele que busca apoiá-lo assertivamente deve ter as seguintes qualidades:

- Empatia e sensibilidade.
- Não julgar nem censurar.
- Não vitimizar você.
- Lealdade, sem pedir nada em troca.
- Apoiar suas fortalezas, e não suas fraquezas.
- Dar conselhos positivos ou neutros.
- Compassividade e paciência com sua recuperação.

"Aprendi que o importante não é fazer sozinho, mas ter a sabedoria para entender quando posso fazer sozinho e quando preciso pedir apoio ou ajuda".

TENHA PESSOAS EMPÁTICAS À SUA VOLTA

A empatia é a capacidade de entender o outro e de nos colocarmos em seu lugar, para compreender seus sentimentos e emoções. Quando um indivíduo experimenta o sofrimento alheio, desperta seu desejo de ajudar e agir. Estabelecer empatia aumenta o fluxo de dar e receber afeto e apoio nas relações com os demais, o que acaba fortalecendo nossa rede social.

A pessoa que busca apoiar quem enfrenta um processo de luto, perda, crise, ou mudança brusca deve ser empática e entender o processo emocional que o outro vive, sem se envolver na situação.

Isso conduz à assertividade necessária para se aproximar de alguém que passa por um problema e para perceber em quais assuntos pode ou não apoiar, qual é o momento de dar conselhos e recomendações ou o momento de ficar em silêncio; se aquele é o momento de perguntar sobre as causas e consequências; se

ABRA-SE AO APOIO SOCIAL

é o momento de oferecer assistência financeira; se é necessário expressar uma afirmação desafiadora ou momento de morder a língua, para não opinar no momento errado.

DÊ LIMITES AOS QUE JULGAM VOCÊ

Nem todos sabem se colocar nos sapatos dos outros. Quando a crise no conglomerado de bancos desencadeou, a primeira coisa que recebi de minha família foram as cobranças por ter-me envolvido em tamanho problema. Por que um consultor, *coach* e facilitador foi ser diretor de um banco? A reação familiar se baseou em reprimendas como: "Você devia ser mais humilde" ou "Você não devia ter aceitado isso".

Mais que conselhos, eram discursos sobre humildade. Não gostei. O apoio que eu necessitava naquele momento não era financeiro nem o reforço da posição de vítima, mas um respaldo, alheio às críticas e às censuras. Quando se atravessa uma crise, além do desgaste inerente à luta para lidar com a perda, a fortaleza interna, necessária para lidar com os juízos de valor feitos pelos outros, fragiliza. Houve um momento em que coloquei limites e disse: "Sim, já entendi o recado. O que estou vivendo é muito mais forte que sua opinião sobre o que aconteceu comigo".

Um dos pilares da minha filosofia de vida é permanecer aberto a escutar as observações dos outros, seguir os conselhos, considerar outros pontos de vista e até consultar guias ou pessoas com experiência. Mas uma coisa é o *feedback* para melhorar e outra, muito diferente, é o apoio cheio de acusações e condenações.

É preciso ter muita inteligência emocional para identificar o que adiciona ou subtrai no apoio social. Reclamar, discutir ou julgar não agrega valor. Atitudes desse tipo só acrescentam negatividade ao processo de recuperação. Quando atravessa o processo de resiliência, você se encontra vulnerável, e o que menos precisa são reprovações ou lamentos. Nesses momentos escuros, receber mensagens negativas boicota o processo de recuperação, de renascimento e de redenção.

Se for este o seu caso, aprenda a dar limites e a se expressar assertivamente quando notar que o apoio vai para o lado da acusação ou reprovação. Em situações mais extremas, mude de grupo, conheça outras pessoas, selecione as pessoas que não agregam valor.

IDENTIFIQUE SEUS AMIGOS GENUÍNOS

A origem etimológica da palavra *amizade* não foi determinada com exatidão. Existem estudiosos que afirmam sua origem no latim: *amicus* ("amigo"), que, por sua vez, derivou de *amare* ("amar"). De qualquer forma, a amizade é uma relação afetiva entre duas pessoas e um dos vínculos interpessoais mais comuns que os seres humanos cultivam ao longo da vida.

A amizade envolve ajudar o outro em busca de confiança, afeto, consolo, respeito, diversão, escuta e companhia. E é nos momentos de dificuldade que você descobre quem é seu amigo e quem não é.

Muitas pessoas que eu supunha serem amigas não se comportaram assim durante o redemoinho em que me envolvi depois da intervenção no Banco del Sol, da Uno Valores e, posteriormente, do Alerta Vermelho da Interpol. Algumas *amizades* desapareceram como por um passe de mágica, talvez por medo de serem envolvidas no que acontecia comigo. Uma coisa é manifestar verbalmente "estou com você" e outra é expressar-se através de ações. E bem poucos "amigos" foram realmente leais dessa última forma.

Em meus primeiros dias nos Estados Unidos, soube de amigos que chegaram a comentar em reuniões sociais: "Finalmente! Jacques envolvido em um problema". Muitos deles eram amigos que, pouco tempo antes, tinham pedido meu apoio junto ao banco para conseguirem créditos e oportunidades de emprego.

ABRA-SE AO APOIO SOCIAL

Logo depois de viajar para Miami, depois de abandonar meu apartamento em Caracas e ter minhas contas bancárias bloqueadas, tive que vender meus móveis para custear necessidades básicas. Alguns supostos amigos tentaram se aproveitar da situação, chegando a pechinchar, oferecendo a metade do preço que pedi pelos bens colocados à venda; inclusive ofereceram menos de um terço do preço original.

Mas tudo tem uma contrapartida. Dois dos meus melhores amigos, Julio Trujillo e Andrés Nalsen, me disseram: "Não venda mais nada. Eu compro tudo". Também houve aqueles que pagaram adiantado uma dívida contraída comigo, durante aquele bazar inesperado.

Deram-me hospedagem, trabalho, dinheiro emprestado e outros concordaram em apoiar meus trâmites legais; eu teria que acrescentar uma centena de páginas para mencionar todo apoio que recebi naquele primeiro ano.

Sabe quando aparece uma espécie de anjo em sua vida? Durante essa crise, tive vários que cuidaram de mim e que me apoiaram.

Julio foi um deles. Foi quem adquiriu parte dos meus móveis e, depois de sair da Venezuela, emprestou-me dinheiro para comer e pagar dívidas, e escutou meus desabafos e ataques de raiva. Inclusive, viajou para Caracas para pegar minha roupa e outros objetos pessoais. Tempos depois, apoiou-me para montar minha empresa de consultoria e criar meu *site*. Sempre insistia em uma sugestão excepcional: "Você tem que trabalhar, comece a se movimentar!".

DEPURE-SE DAS PESSOAS TÓXICAS

Qual foi minha reação diante das mostras de exploração, burlas e do afastamento de muitas pessoas que, até aquele momento, eu considerava meus amigos? Excluí da minha vida. Não desejo me manifestar com rancor ou ressentimento, mas tão importante quanto reconhecer as pessoas que o apoiam em uma situação adversa é saber escolher quem ficará por perto.

Parte de liderar com uma crise é limitar a energia negativa e as pessoas que atraem os pensamentos limitantes. É necessário investir forças para pôr em prática as ações corretivas. Chega um momento em que ficar escutando conselhos já não ajuda. Quando se conscientiza, você percebe que falar com pessoas que reforçam suas crenças perniciosas significa manter o histórico de vítima.

> "Cheio de amigos estava o mundo quando meu céu ainda era belo. Agora que a neblina baixou, todos se afastaram".
> **– HERMANN HESSE**

Talvez, nos momentos de dor, você não tenha maturidade suficiente para se afastar das pessoas tóxicas e continue se relacionando com elas, por fazerem parte do seu círculo social há tempos. Mas um dos benefícios da crise é a debandada das relações parasitárias: como você não tem mais condições de dar, aqueles que estavam com você por interesse o abandonam imediatamente. Não é necessário mexer nem um dedo para se depurar das relações parasitárias. A crise faz isso por você.

LIBERTE-SE DAS EXPECTATIVAS

Às vezes, o problema não são os outros, mas as suas expectativas com relação a eles. E as expectativas são uma ilusão. Concebemos uma imagem mental de como aqueles que nos rodeiam deveriam ser e agir, e ver que não correspondem às nossas aspirações gera rancor e ressentimento. Nem todas as pessoas responderão do modo que você deseja.

ABRA-SE AO APOIO SOCIAL

É preciso entender que muitos agem da melhor maneira que conseguem, que são seres humanos com seu próprio grau de consciência. Como parte da resiliência é fluir, você deve estar aberto a receber o apoio de outras pessoas, da forma como elas poderem oferecer.

Depois da morte do meu pai, passei a ser uma referência para minha família, um guia, um amigo e provedor econômico. Eu não só era um filho para minha mãe, mas também um companheiro, que saía com ela para ir ao cinema ou para jantar. Mas depois dos acontecimentos do banco, ela e meus irmãos enfrentaram seus próprios lutos, devido ao assédio dos jornais e da televisão.

Sentiam uma raiva que foi direcionada a mim, ainda que eu entendesse a razão, que foi eu ter permitido que aquela situação acontecesse, por ter saído do país e me ausentar do convívio. De alguém que sempre apoiava, passei a ser aquele que precisava ser apoiado. Da condição de sentir amor apoio, passei a ser alvo de reclamações, de um minuto para o outro. Isso foi resolvido só depois que saí da Venezuela. Minha família me apoiou, incondicionalmente, e ficou impactada por me ver derrotado. Às vezes, preferia não contar o que estava acontecendo para não ficarem ainda mais preocupados.

Se mantiver suas expectativas, você não conseguirá ver as boas intenções do próximo. Estar consciente lhe permite reconhecer que eles fazem o melhor que podem. Que são pessoas em contínuo processo de aprendizagem, iguais a você. Então, quando buscar o apoio social, deixe de lado as expectativas: libertar-se desse tipo de *preconceito* facilitará sua abertura e você fluirá com o respaldo externo.

ESTABELEÇA NOVAS RELAÇÕES

Quando você vive muito tempo em um mesmo território, seu círculo social se articula ao redor das mesmas pessoas de sempre: os amigos do bairro, do colégio, da universidade, os ex-namorados, namoradas e os colegas de trabalho. Mas se, por qualquer circunstância, você abandonar essa zona segura, será necessário reinventar seu mundo social.

Relacionar-se com as mesmas pessoas pode fazer com que estacione em sua zona de conforto. É comum permanecermos com o mesmo grupo de pessoas, e isso faz com que continuemos a obter os resultados de sempre. Uma chave para contar com apoio social é estar disposto a estabelecer novas relações. Para isso, atravesse os limites de sua zona de conforto e explore.

Quando você emigra, estabelece novas relações — com mais facilidade, se as anteriores eram desgastantes e tóxicas ou estão estreitamente ligadas à experiência adversa que você viveu. Eu tive que me abrir a novas relações em outro país, com uma cultura e pessoas diferentes. Conheci pessoas fantásticas! Foi como na infância, quando alguém muda de colégio e sofre horrores, mas termina fazendo novas e extraordinárias amizades.

Por isso, uma parte de reconstruir sua vida social é estar consciente de quem são seus amigos, arriscar-se a criar relações — este é outro maravilhoso desafio a ser enfrentado. Isso sim: resgate as amizades, anteriores à crise, as que forem genuínas, e abra-se ao apoio social que pode ser oferecido pelas amizades, colhidas antes, durante e depois.

PRATIQUE A COMPAIXÃO

Richard Davidson, doutor em neuropsicologia e pesquisador de neurociência afetiva, descobriu que a compaixão provoca o movimento e alivia o sofrimento. Seus estudos revelaram os benefícios que a compaixão oferece e que a bondade é um dos pilares de um cérebro saudável.

Depois de conhecer o Dalai Lama Tenzin Gyatso, em 1992, o líder espiritual tibetano sugeriu a Davidson que concentrasse seus estudos neurocientíficos nos benefícios de praticar a amabilidade, a ternura e a compaixão. E assim ele fez. Davidson descobriu que os circuitos neurológicos que levam à empatia são diferentes dos circuitos que levam à compaixão, enquanto que a ternura faz parte do circuito da compaixão.

Todos eles podem ser treinados para melhorar nosso bem-estar emocional e mental. Agora, escrevendo isto, lembro-me de que tive oportunidade de conhecer o Dalai Lama e apertar sua mão, quando esteve na Venezuela em 1992. Como cultivar a compaixão, a simpatia e a amabilidade? O doutor Davidson recomenda o seguinte:

- Buscar na memória o momento em que uma pessoa amada sofria e reviver a forma como a ajudamos a superar. Depois, ampliar o foco para pessoas que nos são indiferentes e imaginar como poderíamos ajudá-las a superar seus contratempos e, finalmente, abarcar aquelas que nos irritam.
- Outra técnica sugerida pelo especialista e diretor do programa mundial *Healthy Minds*, iniciativa apoiada pelo próprio Dalai Lama, é enviar, mentalmente, bons desejos aos estranhos que passam por você na rua, ou no supermercado. Assim, você enobrece a qualidade de sua jornada e se abastece de energia positiva.

RECIPROCIDADE: APOIE OS OUTROS

Socializar também é apoiar os outros. Inclusive se estiver atravessando seu próprio processo de dor, esse apoio lhe permitirá descobrir que seu problema não é algo abismal. Em um estudo sobre resiliência psicológica, realizado em 2017, entre veteranos do Exército dos Estados Unidos que mostravam altos níveis de gratidão, altruísmo e sentido de propósito, evidenciou-se que esses indivíduos também apresentavam maiores habilidades de resiliência. O estudo confirmou que as pessoas que, durante o sofrimento, apoiam os outros, em vez de só pedir ajuda, intensificam a própria capacidade de recuperação.

SUPER-RESILIENTE

"Qualquer maneira de se aproximar dos outros e ajudar é uma forma de sair de si mesmo e do seu problema; o que constitui um caminho importante para aumentar a própria força. Não é necessário ser uma missão elevada, pode ser o apoio que dá à sua família e aos amigos. Se aquilo de que participa fizer sentido para você, poderá ajudá-lo a superar todo tipo de adversidade", conclui o estudo citado.

Quando serve ao próximo, você envia duas mensagens a si mesmo: a primeira é que existem pessoas mais necessitadas que você, o que mostra que sua situação não é tão ruim quanto imagina; a segunda mensagem diz: se serve aos outros, é porque tem mais do que realmente precisa. Se você tem mais do que se requer para viver, a ponto de estender a mão generosamente para socorrer os outros, é porque o universo assim o dispôs e é bom que manifeste sua gratidão.

- Servir aos outros o impulsiona a superar a sensação de inutilidade que toma conta durante o desalento. Assim como o apoio social demanda a presença de amigo, você também precisa estar presente e recíproco.
- Não se trata apenas de ajuda material. Conversar exerce um extraordinário poder de cura. Faça pequenos favores que estejam ao seu alcance, seja preparar uma xícara de café ou cuidar dos filhos dos seus amigos por uma tarde.
- Não assuma a postura de receptor diante daqueles que o apoiam nem os veja como provedores. Coloque-se no modo amigo e comporte-se como tal. Corresponda com tempo, carinho, palavras de afeto e companhia.
- Supra os necessitados, porque você não sabe quando será a sua vez de receber. É um processo simbiótico no qual você dá e recebe. Quando as pessoas sentem o amor com que as trata e que você está lá quando precisam, elas devolvem o que recebem.

ABRA-SE AO APOIO SOCIAL

TENHA ATITUDE POSITIVA

Quando contei ao meu pai que pretendia me dedicar ao mundo dos restaurantes, ele disse: "Os Giraud sempre vão mal nos negócios: quebram ou são explorados". Ao perguntar a ele sobre a origem de uma opinião tão desanimadora, não duvidou em afirmar: "Filho, só quero evitar que te explorem, que se dê mal nos negócios ou que perca seu dinheiro. Quero evitar que passe pela dor".

Sua preocupação vinha de uma abordagem incorreta em relação à dor. Não obstante, envolvi-me com pessoas de iniciativa e com experiência na área, que desafiavam constantemente a si mesmas e as situações. Minha experiência foi extraordinária!

As pessoas que estão à sua volta influenciam suas atitudes e decisões. Quando somos rodeados por seres entusiastas, nossa energia aumenta, sentimo-nos reconfortados e motivados a nos recuperar. As pessoas positivas acreditam na esperança e ajudam nas tomadas de decisões inteligentes. A atitude das pessoas positivas é contagiosa e influencia favoravelmente a percepção das circunstâncias trágicas, além de serem excelentes guias quando você enfrenta um dilema e ajudarem a tomar decisões úteis e realistas, sem amargura ou ressentimentos.

Por esse motivo, sugiro que mantenha distância de pessoas pessimistas; caso a a energia da outra pessoa lhe agrade, procure conhecê-la e peça conselhos. A maioria das pessoas positivas está aberta a guiar aqueles que querem seguir seu otimismo e sua serenidade.

ELAS APOIAM SEUS PONTOS FORTES

Se quiser criar uma nova realidade, limite o acesso às pessoas que reforçam seu papel de vítima, aproxime-se daquelas que colaboram com sua intenção de ser consciente. Faça-se as perguntas abaixo. Elas o ajudarão a cumprir esse propósito:

SUPER-RESILIENTE

- O que estou fazendo de diferente agora?
- Quem são as pessoas que estão à minha volta?
- Elas estão alinhadas com a minha essência? Apoiam minhas fortalezas ou as minhas fragilidades?

Não se trata de avaliar se esse indivíduo beneficia ou prejudica você. Não falo de benefícios, mas de alinhamento. Às vezes, nos aproximamos de pessoas que não apoiam nossas fortalezas, mas aceitamos a presença delas, por não sabermos como colocar limites ou porque não estamos suficientemente conectados com a nossa essência.

O amigo verdadeiro sabe que se você recuperar a autoconfiança e partir para a ação, conseguirá reorganizar sua vida. Para isso, deve apoiar suas fortalezas, e não suas fragilidades. Um amigo lhe dá sensação de lar, a sensação perdida na sua fase de desalento.

Assim aconteceu comigo nos eventos em que participaram meus inesquecíveis amigos María del Carmen, Atilio, Alejandro, Julio, Flávio e Huguette. Quando saí da Venezuela rumo aos Estados Unidos, estava submerso em um coquetel de emoções que transitavam da dor à confusão, da resistência à raiva··· Nessa situação, recebi a ligação de uma mulher maravilhosa que me disse: "Vem pra minha casa! Você vai morar aqui e te apoiaremos".

Era María del Carmen, a quem carinhosamente chamo de Maricarmen, ou Houston. Morei por cinco meses em seu apartamento com três quartos e pude contar com uma suíte exclusiva para mim. Quem recebe alguém para morar sob o mesmo teto e acolhe por tanto tempo? Só um amigo!

Além de ajudar a recomeçar meu trabalho como *coach* e consultor, Maricarmen pagou os honorários médicos para a terapia, necessária para enfrentar a crise, que se tornou aguda com a emissão da nota da Interpol. O endereço domiciliar que eu fornecia como meu, no México, era o dela. Para não a colocar em risco, depois que a ordem da Interpol foi expedida, passei a me

ABRA-SE AO APOIO SOCIAL

hospedar na casa do Atilio, pois não conseguiriam me relacionar diretamente a ele, o que deu tempo para me organizar e retornar aos Estados Unidos.

Alejandro me pôs em contato com o advogado que ajudou a resolver parte da minha situação no México e que possibilitou minha saída para os Estados Unidos. Ao chegar a Miami, Atilio era proprietário de um apartamento onde morei outros três meses! Mas não foi só isso: Atilio foi generoso em conselhos. Nunca perguntava do que eu precisava. Apenas oferecia.

Depois de ficar esse tempo no apartamento do Atilio, nos três meses seguintes morei com Flávio e Huguette Guaraní, amigos de origem brasileira e em cuja casa me senti cuidado e querido. Flávio, que morreu em 2011, era um homem excepcional, uma espécie de mentor ou guia. Abriu as portas do seu lar para mim e deu conselhos neutros e encorajadores.

Todas essas pessoas foram presença diária, que expressaram sua empatia comigo. Não reclamaram. Foram solidárias e assertivas. Sabiam quando falar e quando calar. Graças a eles, nunca me senti sozinho nem me prendi na sensação de abandono produzida pela espiral do desalento.

Como já disse, o apoio social preenche os vazios. Esses amigos incondicionais assumem papéis fundamentais e compensam as perdas. No meu caso, Maricarmen foi a irmã mais velha protetora; Atilio, Julio e Alejandro se comportaram como irmãos; Flávio e Huguette foram os amigos, mentores e pais sábios. Cada um deles representou um papel: pai, mãe, irmãos, amigos. Eu tinha uma família.

Esse povo incrível ao meu redor fez com que me sentisse em casa outra vez. Toda essa irmandade se nutria não de diversão nem do trabalho, tampouco eram laços sociais, mas de amor incondicional. O apoio social é um instrumento de Deus e do universo.

COMUNIQUE-SE COM OTIMISMO

A pessoa que vive uma adversidade tem que encontrar neutralidade suficiente para se abrir ao apoio, sem se sentir vítima nem se consolar com placebos. Mas se você anda pela vida desempenhando o papel do mártir imolado, expondo sua tragédia pessoal na primeira oportunidade, em algum momento, as pessoas se cansarão ou começarão a dizer: "Já passou tanto tempo e esse sujeito continua na mesma".

- Se depois de receber apoio externo, você continuar com as lamúrias, não tardarão em comentar: "Nós te demos amor, trabalho, recursos... e você continua se queixando!".

- Se a aflição é uma constante na forma de se manifestar, em algum momento, as pessoas ao seu redor ficarão esgotadas e se distanciarão. Por isso, quando buscar apoio social, desfaça-se da postura de: "Vocês precisam me dar tudo", "Eu mereço, pois sou eu quem está com problema" ou "Eu sou a vítima". Esta não é a atitude.

- Na medida do possível, abandone o drama em sua vida. Se continuar agindo na dor, não reescreverá sua história nem assumirá a situação.

- Comunique-se com otimismo, ensaie contar os acontecimentos infelizes de uma perspectiva diferente e breve.

- Faça com que as pessoas que o ajudaram saibam que o apoio recebido teve um efeito reconfortante, que percebam que está se recuperando e que você devolve o carinho demonstrado.

ABRA-SE AO APOIO SOCIAL

- Esforce-se para não se queixar, para manter o que o incomoda dentro de você, não engolindo, mas assumindo a responsabilidade por suas dores.

- Seja grato através de suas palavras, suas ações e sua generosidade.

CAPÍTULO 13

Regra 7:
Cultive o bom humor

> "A função química do humor é mudar o caráter dos nossos pensamentos".
> – **LIN YUTANG**

PERGUNTE-SE:

- Eu me preocupo com o som da minha risada e, por isso, tenho medo de rir?
- Acredito que rir é uma "traição" ao processo de luto, porque devo vivê-lo em lágrimas e lamentos?
- Passo mais tempo mal-humorado e deprimido do que alegre e contente?
- Conto histórias engraçadas aos meus amigos e familiares?
- Quando estou de mau humor, eu me incomodo quando as pessoas riem à minha volta?
- Eu seria capaz de inventar uma história engraçada para contar a minha crise?

Fui criado com a crença de que a alegria e o bom humor são desnecessários e pouco proveitosos para o desenvolvimento pessoal. Por isso, suponho, tenho um aspecto sério, uma das carências que, admito, criam obstáculos em meu caráter resiliente. Mas eu seria irresponsável se não reconhecesse os muitos benefícios que o humor traz, tanto para o momento de enfrentar quanto para nos recuperarmos das crises e transformá-las em oportunidades frutíferas.

SUPER-RESILIENTE

Nelson Mandela dizia que sua alegria e seu bom humor foram grandes aliados durante os 27 anos que esteve na prisão. E Christopher Reeve, em sua cadeira de rodas, ditou o livro *Nothing is impossible: reflections on a new life* ("Nada é impossível: reflexões sobre uma nova vida"), sobre sua experiência depois de ficar paraplégico e no qual inseriu um capítulo sobre humor. No livro, o melhor Superman de todos os tempos reconhecia que é difícil cultivar o bom humor quando somos açoitados pelo sofrimento, mas isso pode e ajuda a criar resiliência.

Rir libera endorfinas no organismo que contra-ataca a ansiedade, o estresse e a depressão. Por isso seus benefícios são úteis para melhorar o humor. Por sua vez, rir exercita os músculos do rosto e oferece uma sensação de alívio: quando rimos, sentimos que deixamos escapar parte das preocupações que ocupam nossa mente.

Foi demonstrado, cientificamente, os efeitos secundários do riso (ainda que você finja rir diante do espelho) aliviam a dor, aumentam o bem-estar psicológico, combatem o estresse e a depressão leve, e aumentam as defesas. De fato, existe uma área da ciência, a gelotologia, que estuda o riso como mecanismo de terapia e afirma que uma gargalhada de uns três minutos traz os mesmos benefícios que 15 minutos de exercício aeróbico.

> "O riso é, por definição, saudável".
> **– DORIS LESSING**

Se não buscar momentos de alegria em meio a uma situação estressante, você se afundará na tristeza característica do desalento. Não se trata de escárnio nem de lidar com essa situação de forma leviana. "Resiliência é cultivar uma aceitação alegre, serena e ativa, não uma resignação passiva e queixosa", reflexão de Gonzalo Gallo González, escritor colombiano e conferencista sobre os temas ética, motivação, liderança e qualidade de vida.

CULTIVE O BOM HUMOR

O bom humor nos faz mais fortes ante as adversidades, ajuda a controlar a raiva e é um mecanismo natural do organismo, para libertar-nos de emoções daninhas. "Podemos rir, espontaneamente, diante do medo, da raiva ou da tristeza. Portanto, o humor é terapêutico em si. Seus efeitos estão comprovados nos âmbitos físico, psicológico, mental e emocional, assim como relacional, afetivo e sexual", explica a psicóloga Ana Sierra, especialista em risoterapia e ioga do riso.

Tenho saudade das reuniões na casa de Kenny Aliaga, junto com Mariana Machado, onde a única coisa que fazíamos era chorar de rir das histórias que compartilhávamos. Era uma catarse especial, diferente e com efeito de cura.

MANTENHA UMA ATITUDE NEUTRA

As pessoas costumam dizer a quem está atravessando uma situação difícil: "Não se preocupe, você vai conseguir". Ainda que seja dito com boa intenção, esse tipo de frase só alimenta o falso otimismo. É melhor ser realista, estar consciente e entender que "o que estou vivendo é um processo", "este é um processo de cura". Essa atitude neutra não significa ser indiferente nem fingir que você está feliz.

Manter uma atitude neutra é encarar a situação com a maior objetividade possível, para não criar falsas expectativas. A melhor atitude neutra é aceitar e fluir com o que acontece. Não tenha pressa em parecer festivo o tempo todo. Existe diferença entre ser divertido e ter senso de humor.

Para Karyn Buxman, oradora motivacional, neuro-humorista e autora do livro *What's so funny about... heart disease?* ("O que há de engraçado na... doença do coração?"): "não é necessário preparar um discurso cheio de piadas para contar aos amigos. Basta ter a intenção de desfrutar e compartilhar com as pessoas que te acompanham".

CAPÍTULO 14

Regra 8:
O "universo" conspira a seu favor

> "Não nos corresponde aprender a controlar este mundo. É melhor deixar isso para Deus". – **JOHN MORTON**

PERGUNTE-SE:

- Quantos minutos diários eu dedico a fortalecer minha espiritualidade?
- Invisto tempo em orar, rezar ou meditar, mas sem tomar atitudes para alcançar o que pedi em minhas orações ou em minha prática espiritual?
- Acredito em casualidades ou que as coisas acontecem por um desígnio superior?
- Culpo Deus pelas coisas ruins que acontecem em minha vida ou agradeço por encontrar uma abertura para o aprendizado?
- A quem me dirijo quando sinto que alguma situação está muito pesada? (Caso não seja religioso).
- Quando algo não acontece como quero, eu perco a esperança imediatamente?

O UNIVERSO CONSPIRA

Depois da tempestade que desabou sobre mim, pelo Alerta Vermelho da Interpol, também passei por muitas situações tão positivas quanto inesperadas. Por muitas semanas, tentei fazer contato com o advogado mexicano Miguel Nassar, reconhecido por sua *expertise* e por seus prêmios internacionais relacionados ao tema, para gerir os trâmites legais a fim de mudar do México para os Estados Unidos. Minhas tentativas foram inúteis.

Uma tarde, coincidentemente, encontrei meu amigo Alejandro Aguirre em um café. Expliquei minha situação, mas foi uma conversa casual, sem intenção de que ele me ajudasse. Foi um desabafo. Minha surpresa foi grande quando ele disse que conhecia uma pessoa próxima a Nassar.

Por intermédio de Alejandro, entrei em contato com Diego Ruiz Durán, que trabalhava com Miguel Nassar. No dia seguinte, o respeitável advogado me atendeu em seu escritório. Graças a todos eles, saí do México depois de uma sequência de eventos com pessoas que, ainda que eu não consiga explicar racionalmente, me obrigam a reconhecer a existência de uma perfeita sincronia que está além do entendimento humano.

Por exemplo: como foi possível passar mais de 30 dias sem que a Interpol me localizasse na Cidade do México e me prendesse? Como consegui sair de um país, embarcando em um aeroporto internacional, com uma medida de Alerta Vermelho da Interpol? Além disso, como, depois de quatro horas esperando no aeroporto executivo de Fort Lauderdale, consegui entrar, legalmente, nos Estados Unidos e conseguir apresentar meu pedido de asilo, em liberdade, sem ficar detido em uma prisão para imigrantes? Essas são perguntas que só Deus e o universo poderão responder. Talvez eu conseguisse fazê-lo, na intimidade, depois de três taças de vinho tinto.

Em algum momento crítico do seu passado, certamente apareceu uma pessoa ou uma circunstância que acelerou a conquista de sua meta pretendida. É a maneira misteriosa e, às vezes, não tão evidente, usada pelo universo, que lhe estende a mão. Antes de sair da Venezuela, as autoridades emitiram uma ordem de prisão, na qual me acusavam, injustamente, de três delitos: associação criminosa, peculato e práticas no câmbio clandestino.

Tempos depois, a Lei de Ilícitos Cambiários (câmbio clandestino) foi revogada, liberando-me de uma das acusações. A única resposta que posso dar agora é que eu necessitava manter a fé em Deus para resolver aqueles assuntos que não estavam em minhas mãos. São a essas extraordinárias "coincidências" que me refiro, quando digo que o universo sempre conspira e Deus se faz presente.

Existem questões que são de sua absoluta responsabilidade. Com relação a estas, parece que Deus diz: "Esse problema é seu. Resolva-os". Deus não pode ser responsável pelas consequências de nossas ações. Mas existem outras circunstâncias que são do Seu domínio, ou potestade. São aquelas em que Deus levanta seu ombro, para equilibrar você e alinhar a situação.

> "Pai, aqui estou. Sou teu filho. Farei com alegria o que tiveres para mim".
> – **SANTO AGOSTINHO**

FE É MOVIMENTO

Fé é a expectativa por coisas não garantidas. Implica a espera de eventos, sem a certeza de que ocorrerão, mas também envolve movimento, pois o fato de termos expectativas nos motiva a buscar soluções: Deus impõe desafios, mas também coloca você na posição e no lugar adequados para lidar com eles.

Advirto desde já: ter fé e confiar que o universo conspirará a seu favor não significa ficar sentado esperando que uma divindade opere um milagre e o resgate do seu destino, nem esperar os benefícios que um agente externo possa oferecer. Ter fé e confiar é reconhecer que você dispõe dos recursos internos para contornar os obstáculos.

É necessário que acredite na sua capacidade de transformar e superar a adversidade, pois, se sua ideia é a de que o responsável absoluto pelos seus problemas é Deus, está entregando o poder que é seu de enfrentar a fatalidade. Você é o responsável pela sua vida. Deus espera que assuma essa responsabilidade, fazendo uso do tempo e das ferramentas necessárias para conquistar seus objetivos. Ele dá a resiliência.

CULTIVE UMA PRÁTICA ESPIRITUAL

A espiritualidade não é religião. A espiritualidade é acreditar que todos os seres humanos estão intimamente ligados por algo maior. Esse sentimento de união se transformou em um ponto de apoio que me permitiu fluir e passar pelas situações adversas que vivi.

Com o Alerta Vermelho, eu acordava sobressaltado durante a noite e, de dia, ficava angustiado. Certa vez, um amigo me disse: "Entregue seus sonhos a Deus antes de dormir". Não me lembro bem de suas palavras, mas, desde então, comecei a dormir tranquilo e seguro. Ainda hoje, não sei como explicar a sensação de serenidade que me envolveu. Sentia que nada ia acontecer comigo. Que contava com uma proteção superior.

Não importa em que você acredita, mas acredite! Chame isso de Deus, universo, Luz… coloque o nome que funcione melhor para você. Em todo caso, a melhor maneira de manifestar esse conselho é exercendo uma prática espiritual, seja meditando, indo à igreja, rezando à noite ou fazendo um serviço comunitário.

A chave é estabelecer uma espécie de "sociedade" com Deus. E quando uma sociedade é formada, cada parte faz seu aporte para alcançar o objetivo. Cultivar uma prática espiritual implica

O "UNIVERSO" CONSPIRA A SEU FAVOR

melhorar a relação nesta "sociedade" e aproximar de seu "sócio". Deus, ou o universo, reconhecerá o apoio extra ou o equilíbrio que parecia estar fora das suas possibilidades, para encontrar as soluções.

Desenvolver uma comunicação com Deus eleva seu nível de entendimento e propicia não apenas a resiliência e a cura, mas também robustece a confiança em si mesmo. Há 30 anos, faço parte do MSIA, um movimento espiritual ecumênico, sem dogmas, fundado na Califórnia, nos Estados Unidos, no final da década de 1960, com o objetivo de cultivar a transcendência da alma pela prática de elevar a consciência. Ali são enfatizados os frutos que colhemos por abraçar nossa espiritualidade.

É assim que mantenho um relacionamento saudável com Deus. Não esse Deus que as instituições religiosas pregam, mas o Deus que habita em tudo, nos gestos das pessoas bondosas, na natureza, no que se aprende a cada dia. Minhas práticas espirituais estão fundamentadas na meditação, na oração, no serviço social, na gratidão pelas bênçãos que recebo e, muitas vezes, rezo em uma igreja, templo ou centro, com símbolos religiosos, para desenvolver a comunicação interna com o que acredito, sem importar o nome que deram. Orar, meditar ou agradecer reconcilia-me comigo mesmo.

Não é minha intenção aqui sugerir uma prática religiosa específica. Como disse, espiritualidade não é religião. Enquanto a religião é um conjunto de crenças, rituais e dogmas, exercidos com a intenção de levar alguém a se relacionar com Deus, a espiritualidade é um enfoque sobre o mundo espiritual, não sobre o mundo físico. A espiritualidade nasce e se desenvolve internamente, mas pode ser despertada até mesmo por um ato religioso ou por uma revelação interna.

Cada filosofia, religião, estudos místicos e espirituais tem a própria abordagem com relação à resiliência. Por isso, mais que no método ou no rito, concentre-se na intenção. Quando se conecta com a fé que existe dentro de você — esse "algo" maior que lhe cuida —, quando começa agradecer as experiências que o elevam e trazem ensinamentos, você encontra força para aceitar e, satisfatoriamente, passar pelo processo de luto.

CREIA EM SI MESMO

Os que não creem em nada têm à mão uma poderosa alternativa: a fé em si mesmos, quando necessitarem fazer uso das chaves de resiliência. Os evolucionistas e aqueles que negam a existência de Deus estão convencidos de que a vida é o resultado de um processo milenar de transformação, que a natureza da nossa energia primordial muda e evolui para novas formas. Essa transformação é a resiliência.

Se não professa uma crença em um ser superior, tenha fé em si mesmo e na sua energia transformadora. Comece por vigiar seus pensamentos e observar como trata a si mesmo, as palavras que usa para referir-se a si mesmo, mentalmente, se você se despreza ou se inspira e automotiva. Não importa sua crença ou seu ponto de vista, a primeira fé a ser exercida é em si mesmo. Se não acredita em Deus, a força transformadora vive em você. E se acredita em Deus, lembre-se de que uma parte d'Ele vive em você.

CONFIE NO *BEM MAIOR*

O assassinato de meu pai, ocorrido naquela tarde de dezembro de 2002, é uma demonstração do significado do *bem maior*. Meu pai estava a poucos metros do assassino quando este começou a atirar na multidão presente na Plaza Altamira. Segundo relatos recolhidos logo depois do acontecimento, meu pai avançou sobre o assassino para impedir que a matança continuasse.

Ele era um homem de perfil comportamental discreto, mas sua vida terminou heroicamente. Tanto que quase 100 mil pessoas foram ao seu funeral, inclusive representantes dos principais

O "UNIVERSO" CONSPIRA A SEU FAVOR

meios de comunicação do país. Somos seres espirituais vivendo em um corpo físico. Cumprimos ciclos, temos propósitos e deixamos legados. Meu pai enfrentou aquela situação, cumpriu seu propósito e deixou seu legado.

Depois da autópsia, fomos informados que meu pai tinha câncer de próstata. Não sabíamos. Ele tinha escondido. Agora, interpreto esse fato com a perspectiva da resiliência, sem dramas e sem assumir uma postura de vítima. Ainda que naquelas horas terríveis eu não percebesse, meu pai tinha que estar na Praça Altamira. O *bem maior* estava aninhado naquela tragédia. Inclusive, no dia anterior à sua morte, ele me perguntou se eu estava preparado para apoiar meus irmãos no caso de acontecer algo com ele.

O *bem maior* é entender que existe um propósito nas coisas que acontecem. Assim sendo, tudo o que ocorre é perfeito. Se aquilo que você pede, com todas as forças do seu coração, não acontece, é porque não devia acontecer. E quando acontece é porque assim deve ser. Inclusive as crises, perdas e mudanças bruscas, sob o conceito de *bem maior*, têm um propósito: de elevar-nos, através do aprendizado, do amadurecimento, para nos fortalecer e nos expandir nas dificuldades — estes são resultados palpáveis do *bem maior*.

Não é uma deidade. É um pensamento superior em seu nível de consciência. Ao entregar-se ao bem maior, você confia que, aconteça o que acontecer, está perfeito. Essa certeza traz um nível de entendimento maior, você se desapega do resultado que espera de uma situação, pois, seja como for, tudo estará bem.

> "Cada adversidade, cada fracasso e cada angústia trazem consigo a semente de um benefício igual ou maior".
> **– NAPOLEON HILL**

SUPER-RESILIENTE

Quando forja sua consciência superior com base nessas premissas, sua atitude ante as contrariedades é diferente, porque se apoia no pilar da fé. Não em como deve acontecer, senão que, independentemente do que aconteça, seremos curados e alcançaremos o equilíbrio. Tudo está relacionado com aquelas regras básicas: crescer, aprender e avançar. Aproveitar as lições daquilo que aconteceu para, a longo prazo, crescer e amadurecer; é viver o *bem maior*.

NUNCA PERCA A ESPERANÇA

A esperança é o que o mantém no caminho, é um estado de humor que traz a certeza de que os problemas serão solucionados. Para cultivar a esperança, lembre-se de que já expliquei sobre a capacidade de observar: reconhecer que depois da tempestade vem a bonança conecta sua mente com sua paz interna.

Junto com a fé e a caridade, a esperança é uma das três virtudes teológicas. Silva Borges, autora do estudo *Promoção da esperança e resiliência familiar*, afirma que a esperança é dinâmica, multidimensional, central na vida, altamente personalizada, orientada para o futuro, empodera e conecta com o apoio externo.

CAPÍTULO 15

Regra 9:
Não se trata de amor, trata-se de "amar"

> "Amor é um substantivo fácil de dizer. Amar é um verbo que implica uma escolha e um trabalho consciente".
> **– JUAN PAULINO MORALES**

PERGUNTE-SE:

- De 1 a 10, que nota daria a mim, referente ao amor que sinto por mim mesmo?
- Existe razão para acreditar que mereço?
- Eu me presenteio com um dia de spa ou um passeio no parque apenas porque mereço?
- Asseguro que meus afetos saibam o quanto eu os amo?
- Eu me esforço para realizar pequenas coisas, como tirar o lixo ou lavar os pratos, para demonstrar afeto ao meu companheiro ou à minha companheira, ou a outros membros da família?
- Em minhas orações, rezas ou meditações, incluo outras pessoas?

AME E CUIDE DE SI MESMO

O amor é um sentimento de afeto. Não falo aqui do sentimento romântico, mas da expressão necessária para conectar-se com a sua sensibilidade, em relação a si mesmo e aos que estão à sua volta e, ainda que pareça contraditório, à crise que está atravessando.

Se decidir ser um exemplo dessa definição, como você poderia, em meio a uma crise, ter clareza para "desejar tudo de bom a mim mesmo"? Escolher o amor-próprio como um estilo de vida, inclusive colocando-o nas situações de conflito com outras pessoas, catalisa o processo de resiliência, transformando positivamente pensamentos, atitudes e ações.

Escolher o amor ativamente é o melhor antídoto para a dor. Mas é comum focarmos mais a situação que deve ser resolvida do que a forma de alimentar esse processo com amor. Por quê? Porque não usamos o amor para lidar com as coisas, e sim o medo. E o medo conecta com fantasias negativas sobre o futuro. Ao perder seu contato com o presente, você perde a oportunidade de se vincular com seu amor-próprio.

É sua escolha determinar o nível de amor que será colocado na experiência que vive. Isso lhe permite fluir e se reconectar com a autoconfiança, a fé, o cuidado consigo mesmo, sendo aberto para si mesmo e para os outros. Sem importar do que sente falta ou ao que está apegado, o amor encurta as distâncias quando estamos longe do que amamos. Também diminui as diferenças típicas dos relacionamentos complicados. Para escolher o amor, em vez de agressão a si mesmo e ao seu ambiente, recomendo que faça trabalho social.

AME E APOIE O PRÓXIMO

Servir aos outros é o melhor caminho para cultivar o amor em seu processo de resiliência. Sei que soa paradoxal, mas, na fase do desalento, podemos esquecer nossa essência amorosa; a predisposição para vitimizar nos coloca no centro das atenções. Porém, ajudar terceiros direciona o foco para a necessidade do próximo. E, por meio da cura do outro, curamos a nós mesmos.

Essa foi uma das minhas primeiras tomadas de consciência. Nas meditações matutinas e reflexões noturnas, eu fazia as seguintes perguntas: estou ansioso? Sim. Com raiva? Também. Decepcionado com a vida ou com as pessoas? Sim. O que aconteceria se eu deixasse que o amor me guiasse neste momento? O que faria agora? Algumas vezes, eu não encontrava respostas e acabava cansado de tanto pensar. Em outros momentos, acontecia de me conscientizar de algo que rompia o paradigma de "às vezes ganhamos, às vezes perdemos" e o transformava em "às vezes ganhamos, e, em outras, aprendemos".

> "Servir é uma das expressões de amor mais elevadas no planeta". – **JOHN ROGER**

Sem importar a magnitude do processo que eu vivia — fosse pela perda de seres queridos ou de bens materiais, as falsas acusações contra mim, a medida injusta da Interpol, viver no exílio —, estar distante das pessoas amadas e, apesar de tudo isso, servindo aos outros me fez compreender que minha situação não era tão grave quanto aquelas que outras pessoas enfrentavam.

Servir outras pessoas — ou, como escutei de uma amiga: "agregar valor a outro ser humano" — permitiu transformar a realidade através do meu apoio. Assim, amar ao próximo se transformou automaticamente em apoio e amor a mim mesmo. E, o mais importante, em gratidão.

Manifestar amor nas ações, para beneficiar pessoas que me rodeavam, fazia com que me distanciasse, internamente, da experiência dolorosa. Foi reconfortante. Em outras palavras, ao elevar-me internamente, alcançava o amor que equilibrava minha essência. Quando coloquei minha vida sofrida a serviço dos outros, a "graça" se apresentou. Esta é a fórmula:

$$\text{Amar} =$$
$$\text{Servir a mim e aos outros} =$$
$$\text{Agregar valor a mim e aos demais.}$$

PERMITA QUE TE AMEM

Ouvir a frase "eu te amo" conecta com a sensação que essa linda expressão produz e alimenta o amor-próprio. Mas é importante reconhecer que essa fonte de amor não vem dos outros, mas brota dentro de cada um de nós e se expande quando se exercita o amor — que é amar.

Julgar os erros com a perspectiva do amor afasta o rancor e o arrependimento, e isso permite ver os equívocos assim: "Excelente! Agora preciso corrigir". Dessa forma, você consegue olhar a tristeza, a raiva ou o desencanto, como reações de alerta, para resolver a crise e aprender.

John-Roger, apropriadamente, afirmou: "Quando acontecem coisas que, à primeira vista, parecem ser injustas, procure a lição amorosa que existe por trás de tudo. Se não a encontrar, coloque-a você mesmo, para que possa ver, tudo o que acontece, com os olhos do amor".

Eu poderia redigir milhares de páginas sobre o amor. Muitos poetas, romancistas e roteiristas já o fizeram, mas essa é uma experiência muito individual. Meu convite é simples: ame-se e ame. Isso implica ser paciente e compassivo consigo mesmo em seu processo de recuperação. Amar é cuidar de si e se tratar bem, elevar-se sobre a experiência negativa que estiver vivendo. E lembre-se: nunca deixe de dizer a alguém que você ama: "Eu te amo".

CAPÍTULO 16

Regra 10:
Aprenda a agradecer

> "Gratidão é a chave que transforma os problemas em bênçãos e o inesperado em presentes". – **PAM GROUT**

PERGUNTE-SE:

- Eu realmente acho que não devo nada a ninguém?
- Eu levo em conta aquelas pessoas cuja vida é menos afortunada que a minha, no momento de agradecer o que tenho?
- Eu considero afortunada minha condição de desfrutar coisas básicas, como um teto, comida e roupa?
- Eu considero ser uma benção ter uma família, amigos, companheiro ou companheira e apoiadores?
- Eu agradeço quando alguém me faz um favor?

CONSCIENTIZE-SE DAS SUAS BÊNÇÃOS

O termo *gratidão* tem origem no latim: *gratitudo, gratitudinis*, e está relacionado com *gratus* (agradável, bem recebido, agradecido). De gratus, também vêm as palavras *graça, agradar, agradecer, grato, gratuito, grátis* e *congratular*. Essa origem etimológica revela que gratidão significa sentir-se agradado da própria sorte; é a apreciação pelas bênçãos que desfrutamos.

Agradecer eleva a energia e nos faz "sentir bem". O conferencista internacional, escritor e comunicador social Ismael Cala menciona, em suas conferências, um estudo da Universidade da Pennsylvania constatando que pessoas que enviam uma carta de agradecimento a quem lhes fez um favor ficam mais felizes durante um mês inteiro. Esse mesmo estudo mostra que escrever, durante uma semana, três coisas positivas que tenham acontecido durante o dia aumenta a felicidade por seis meses! Cala cita estudos probatórios de que a prática diária do agradecimento leva as pessoas a desfrutarem dos seguintes benefícios:

- Adoecem com menos frequência.
- Dormem melhor e se sentem mais descansadas.
- Fazem exercícios físicos com mais regularidade.
- Possuem mais energia, entusiasmo e determinação.
- Mantém laços familiares e sociais mais fortes.

Ter consciência do momento presente leva a reconhecer as bênçãos que estão à sua volta. Mesmo na hora mais escura, proliferam as conquistas e os dons pelos quais agradecer. Até uma pequena ação, como chegar à janela e descobrir que o sol brilha como ontem e, seguramente, brilhará também amanhã, é motivo para agradecer!

A frase *Baruch Bashan* é traduzida como: *As bênçãos estão presentes*. De minha parte, agradeço que meus familiares gozem de boa saúde e eu também. Desfruto de um trabalho em harmonia com meu projeto de vida e ministro cursos que me fascinam. Como *coach*, sirvo aos demais. Materialmente, tenho o necessário para viver. Tenho amigos extraordinários (depois que desapeguei daqueles que não eram assim). Tudo isso são bênçãos pelas quais agradeço todos os dias!

CELEBRE AS PEQUENAS VITÓRIAS

Devemos agradecer e celebrar não apenas os eventos memoráveis da existência, como a compra da casa nova ou ter conquistado um título acadêmico. Toda grande conquista é construída sobre as bases de muitas e pequenas vitórias: para adquirir a casa, tivemos que encontrar a pessoa que nos assessorasse no processo de compra. O desejo de conseguir um título acadêmico talvez tenha sido despertado por recomendação de um amigo ou pelo fato, aparentemente fortuito, de ter encontrado uma propaganda no metrô. Essas vitórias são modestas e, quase sempre, inadvertidas pelas quais também devemos agradecer.

Quando você chegou ao fundo, faz-se necessário celebrar os pequenos avanços que, passo a passo, ajudam a percorrer o caminho da recuperação, muitas vezes árduo. Desabafar com um amigo, ter recebido um bom conselho de um familiar ou o orvalho da manhã e alegrar-se com um dia ensolarado são triunfos que devem ser trazidos à consciência e são dignos de gratidão.

AGRADEÇA TAMBÉM O QUE É RUIM

Quem você é hoje é resultado das experiências boas e ruins que foram vividas. A tendência é esquecer o ruim, em vez de aprender com ele. Portanto, agradecer as circunstâncias dolorosas que nos tornaram fortes é um bom alvitre.

Muitas pessoas estancam no lamento e na vitimização, para receber o benefício aparente da compaixão que desperta nos outros. Mas, se elevar seu nível de consciência, será capaz de dizer: "Quero agradecer pelas coisas ruins que vivi e pelo desejo de seguir em frente". Assim, você transforma o negativo para se concentrar em um ganho mais real, que é o amadurecimento e a expansão da sua zona de conforto.

Hoje posso gritar aos quatro ventos: graças a Deus pelo que aconteceu! Depois desses acontecimentos, identifiquei meus amigos genuínos e os que não eram; aprendi a me livrar dos apegos inúteis; saí da minha zona de conforto; aprendi a manter o vínculo familiar, mesmo a distância; entendi que minhas posses materiais são temporárias; que não existe idade para aprender; que é possível expandir; que as ferramentas servem quando são utilizadas; que Deus está sempre comigo, tanto nos bons quanto nos maus momentos.

CAPÍTULO 17

Super-resiliente: do *Homo sapiens* ao *Homo resiliens*

Manter um estilo de vida resiliente

Depois de reconhecer e desenvolver as habilidades resilientes, é hora de praticar para não recair nos padrões negativos e encarar os desafios futuros desde a sua fortaleza interna.

> "Liberdade é ter a possibilidade. Aproveitá-la ou não é vontade sua". – **SERGIO ROLDÁN**

Sempre temi falar do sucesso pessoal, achando que seria interpretado como uma mostra de vaidade. Em uma conversa com uma das minhas mentoras, Kenny Aliaga, e com a atriz Elba Escobar, ficou claro que vangloriar é muito diferente de "servir de exemplo". Em minha experiência, ter assumido todos esses desafios como aprendizado permite-me oferecer um testemunho que sirva de exemplo e inspire outras pessoas.

Viver a experiência do assassinato de meu pai, fugir de dois países, emigrar sem planejamento, sofrer perseguição, ser alvo de acusações falsas e injustas, ter Alerta Vermelho da Interpol com meu nome, perder meu ambiente social natural, ser separado de minha família e seres queridos, perder meus negócios, além de sucumbir financeiramente, o que me levou a viver sob teto alheio e depender de amigos, são referências que contribuem para enfrentar eventuais futuras crises com clareza, entusiasmo, perseverança e amor-próprio. É também motivo para escrever este livro como um meio de estender a mão aos que estejam atravessando momentos iguais ou piores.

Depois de vários anos radicado em Miami, posso dizer, com enorme gratidão a Deus, ao universo e ao grupo de pessoas que me apoiaram com seu coração excepcional, que consegui o que visualizei. Recuperei-me. Não foi fácil, mas as ferramentas que descrevo neste livro funcionaram plenamente. Não obstante, a experiência está longe de terminar.

Em abril de 2011, pedi asilo aos Estados Unidos, enviei cartas para o Escritório de Asilo e pedidos de entrevistas com congressistas e senadores norte-americanos, para receber orientação e apoio para a minha situação, pois os motivos eram claramente políticos. Depois de concluírem que a solicitação feita à Interpol, pelo governo da Venezuela, era de caráter político, sem provas que configurem crime, meu nome foi retirado da lista de procurados pela organização da polícia internacional. Ficaram demonstradas a minha inocência e a evidência de que o governo corrupto da Venezuela usou a Interpol para me perseguir e me amedrontar psicologicamente.

> "Você nunca sabe o quanto é forte, até o momento em que ser forte é sua única opção". – **BOB MARLEY**

Finalmente, em agosto de 2013, o asilo me foi concedido e, semanas depois, recebi meu *travel document* e a possibilidade de viajar ao exterior para retomar meus cursos, consultorias e *coaching* para clientes na Espanha, no México e no Brasil.

SUPER-RESILIENTE: DO *HOMO SAPIENS* AO *HOMO RESILIENS*

Qual foi a minha reprogramação mental ao reiniciar a vida nos Estados Unidos? Reescrevi meu roteiro para conseguir novos amigos e clientes; conhecer pessoas que me ensinassem; servir aos outros para serem melhores seres humanos; voltar a facilitar cursos; sentir-me seguro em um novo lar; recuperar meu prestígio profissional e minha estabilidade financeira; aprender novas técnicas e ferramentas para aprimorar meu trabalho; permitir-me desfrutar um pouco mais da vida; viver meu propósito de um lugar abundante e amoroso··· enfim, fazer a diferença no mundo, em cada gesto ou ação de nobreza e neutralidade.

No entanto, minha situação na Venezuela não está resolvida. Depois da morte de Hugo Chávez, ocorrida em 5 de março de 2013, o governo tirano de Nicolás Maduro continuou controlando os fiscais e juízes da Venezuela, um país que está, há duas décadas, massacrado pela hecatombe da política econômica e social.

Enquanto escrevo estas linhas, a anarquia política continua vigente no país onde nasci. Entretanto, mantenho a fé e a confiança de que meu processo de resiliência estará completamente alinhado para permitir-me visitar a Venezuela, liberado plenamente de acusações injustas e mal-intencionadas de uma elite política e judicial decadente.

No ano de 2018, confirmei novamente que o universo tem misteriosas formas de operar e, cedo ou tarde, conspira a nosso favor. Esse ano, o Ministério Público Geral da Venezuela declarou que não havia nenhum fato passível de punição no caso do Banco del Sol ou seus diretores. Entretanto, todas essas acusações injustas devem ser apuradas. O caso está arquivado, enquanto permaneço à espera de um sistema político propício para continuar minha defesa legal e eliminar, de uma vez por todas, as falsas acusações contra mim.

> "Para verdades, o tempo, e para justiça, Deus". – **JOSÉ ZORRILLA**

SUPER-RESILIENTE

Foram muitas as lições aprendidas nos últimos anos. Ainda que antes de desencadear a crise no banco eu considerasse que minha vida era plena, ganhasse mais do que o necessário, me sentisse confortável com meu status e, em geral, a maioria das variáveis da minha roda da vida estivesse em equilíbrio, eu não me sentia completamente feliz. Se fosse atribuir um significado correto ao meu presente, estou convencido de que hoje atravesso um momento "interno" bem mais satisfatório do que aquele em que vivia antes.

Esse tema se relaciona à evolução, do salto do *Homo sapiens*, esse que administra as coisas baseado apenas em suas convicções, ao *Homo resiliens*, capaz de aprender com as adversidades. Hoje, situo minha atenção no presente; tenho consciência da minha boa saúde; estou em paz com o processo que vivi; tenho maturidade e ferramentas para gerir os processos de perda; trabalho no que eu gosto, que é fazer *coaching, mentoring*, facilitar processos de inteligência emocional e desenvolvendo conteúdos de liderança, consciência e desenvolvimento pessoal.

Naturalizei-me como cidadão dos Estados Unidos da América do Norte em dezembro de 2019. Este é meu atual paradigma, meu novo roteiro, minha história reescrita. Definitivamente, sou muito grato a este país que foi tão amável comigo.

O aprendizado resultante da experiência revela se fui resiliente ou não. Minha crise prolongada me fez descobrir a essência do apoio social. Talvez não necessitasse antes, por levar uma vida relativamente afortunada e ser um doador. Quando a vida é estupenda assim, as pessoas se aproximam, ligam, querem estar com você e compartilhar.

Mas muitas pessoas fogem quando aparecem os problemas. Isso leva a pensar que, certamente, os seres humanos trabalham para obter benefícios. Mas nem sempre é assim. Muitos amigos demonstraram o valor da amizade: ser incondicional e leal, acreditar em você, mostrar alternativas e apoiar sem pedir nada em troca. Aprendi que não existem fronteiras, linguagens nem posições econômicas para a qualidade humana.

SUPER-RESILIENTE: DO *HOMO SAPIENS* AO *HOMO RESILIENS*

> "Sua experiência é a única coisa real neste nível. O corpo físico muda, as emoções flutuam e a mente muda continuamente. Sua experiência é o ponto de referência mais válido". – **JOHN-ROGER**

Ainda que sejamos seres espirituais e os ganhos mais apreciados sejam maior consciência, gratidão, abundância interna, paz e aprendizagem, também vivemos uma existência física, e o resultado deve acontecer nesse plano também. Devemos reconhecer que não é apenas a parte interna que importa, mas também os elementos externos, que reconfortam e informam que você merece sua recuperação no plano físico, com humildade, sem que o parâmetro de comparação sejam os bens materiais. Hoje, me recuso a aceitar que esse seja meu único ponto de referência. Agora, privilegio meu horizonte e minha disposição para "fazer e servir".

O FIO QUE NOS UNE

Tenho boas e más notícias para vocês. A má notícia é que não estamos livres de viver crises e de experimentar adversidades que nos mantêm em constante processo de expansão e contração, como se fôssemos uma mola guiada pelas escolhas que fazemos todos os dias. A boa notícia é que a resiliência é uma condição que está presente em cada um de nós e se desenvolve se investirmos consciência, tempo e energia.

As ideias transmitidas neste livro não são resultado de uma percepção intuitiva ou apenas de bom senso. Pesquisas científicas confirmam o conteúdo exposto. No livro *Journeys from childhood to midlife: risk, resilience and recovery*, publicado pela Cornell University Press em 1992, os autores Emmy Werner e Ruth Smith expõem os resultados de 40 anos de estudo sobre a população de crianças nascidas no Havaí.

Os pesquisadores concluíram que as pessoas resilientes manifestam virtudes similares entre si: compaixão e afeto, capacidade de se relacionar bem com os outros, otimismo, foco, disciplina, senso de humor, capacidade de planejar e de resolver problemas, criatividade e trabalho duro. Muitos desses indivíduos consideram as adversidades como experiências de aprendizagem, e não tragédias ou sofrimento pelos erros cometidos.

Essas virtudes descritas por Werner e Smith coincidem com minha descrição das características de uma pessoa resiliente. Pesquisas futuras poderão trazer luzes que ajudem a compreender como um fator de proteção pode compensar a ausência de outro ou, se preferir, equilibrar as escalas de exposição a um fator de risco.

Espero que, ao observar as experiências das pessoas resilientes, inclusive as minhas, você consiga reconhecer as qualidades que possui, essas que podem conduzir a uma vida satisfatória. Que aprenda como lidar com a negação e a raiva, que se conscientize da impossibilidade de negociar consigo mesmo enquanto estiver em negação, e que saiba que é importante vivenciar sua tristeza e seu desânimo para aceitar sua realidade e se reinventar.

Ter consciência também implica treinar a mente para estar no aqui e no agora, reduzir a ansiedade, colocar as coisas em perspectiva e empreender as decisões tomadas. Se você aprendeu com os comportamentos limitantes, pode, da mesma forma, aprender com os comportamentos que ajudam, inclusive, a desaprender comportamentos nocivos.

Assumir os processos de dor é muito difícil para nós, porque, em nossa infância, nossos pais diziam: "quem morre vai para o céu", ou outras crenças semelhantes, para nos proteger da tristeza e da perda, impedindo que experimentássemos um processo de perda real, com toda sua força. Quando crescemos, não sabemos lidar com as experiências dolorosas que aguardam nas esquinas da vida. Se, desde crianças, tivéssemos fortalecido a capacidade de entender o que é uma perda e o processo que isso inclui, seriamos muito mais resilientes e poderíamos lidar, com mais eficácia, com as futuras experiências dolorosas.

Desenvolver uma consciência resiliente é processo para a vida inteira. Não nos levantaremos pela manhã, em algum dia, e diremos: "Já alcancei o ponto mais alto da resiliência!". O caminho para criar resiliência é feito de obstáculos que demandam compromisso constante, trabalho profundo, passos tangíveis e alcançáveis, assim como aprender a fluir e, de vez em quando, "sair do sério" e se distrair livremente. Quanto mais conscientes formos das características que criam a resiliência, assim como das dificuldades que surgem na hora de conseguir uma vida mais satisfatória, mais preparados estaremos para gerenciar, com fortaleza, o estresse e as crises.

Vale recordar a experiência do psiquiatra austríaco Viktor Frankl, que encontrou sentido para sua vida depois de conhecer o horror dos campos de concentração nazistas, e a de muitos esportistas paralímpicos, pessoas divorciadas, os que perderam um ser querido, outros que fracassaram financeiramente e os sobreviventes de uma catástrofe natural.

Ainda que esses indivíduos sejam diferentes, neles passa um fio flexível, forte e adaptável, que os empurra a enfrentar os desafios e a mudar seus roteiros negativos, para levarem uma existência plena e totalmente equilibrada.

PRÁTICA DIÁRIA

Depois de reconhecer e desenvolver as habilidades resilientes descritas neste livro, pratique todos os dias, para não recair em antigos padrões de pensamentos, emoções e comportamentos negativos. Existem perguntas para fazer a si mesmo e exercícios diários, assim como guias para refletir e manter um estilo de vida resiliente.

Reserve uns minutos do seu tempo para fazer os exercícios de resiliência propostos. Pode ser todos os dias no mesmo horário ou no horário que funcionar melhor, o importante é que aumente os resultados. No meu caso, o melhor é à noite, antes de dormir, minutos antes de fazer um dos meus melhores exercícios de resiliência: minha meditação de gratidão.

Para facilitar esta tarefa, proponho as seguintes perguntas, embora você possa acrescentar suas próprias inquietações nessa lista. Não é necessário que escreva as respostas, mas, ao pensar nelas, reflita sobre o que leu neste livro.

1. Hoje eu me permiti fluir e manifestei um espaço de diversão e alegria?
2. Demonstrei compaixão, empatia e respeito a mim mesmo e aos outros?
3. Como reagi hoje ao estresse, aos erros e às crises? Posso fazer algo diferente amanhã?
4. Em quais áreas eu agi bem? Como manterei ou repetirei esses aspectos positivos?
5. Em quais áreas preciso continuar trabalhando minha resiliência?
6. Quais são as chaves de resiliência que apliquei hoje?

DIETA DA RESILIÊNCIA

Assim como a perspectiva da dor pode mudar quando somos pequenos, adolescentes e depois adultos, a resiliência se transforma de acordo com as diferentes etapas da vida.

À medida que amadurecemos, saímos das zonas de conforto e aprendemos com as experiências, o que nos permite abordar as crises de forma enriquecedora. Por isso, a resiliência é específica e se adequa a cada contexto; embora possamos usar as habilidades

SUPER-RESILIENTE: DO *HOMO SAPIENS* AO *HOMO RESILIENS*

como a fé, a autoconfiança, o orgulho de sobrevivente, além de fazer exercício físico e buscar a calma emocional, os cuidados vão mudando, a autoconfiança toma força e a fé se aprofunda.

- Siga o decálogo da resiliência descrito nas páginas anteriores.
- Revise as chaves deste livro. Lembre-se de que abraçar e cultivar a resiliência é um processo que dura a vida inteira e que tem um final em aberto. A mudança é constante e dinâmica.
- Avalie seu progresso periodicamente na hora de levar uma vida resiliente.
- Não espere que os outros mudem primeiro para seguir seus objetivos. A chave das mudanças está em suas mãos. Você é o dono do seu destino e deve assumir o controle da sua vida. Você é a principal força responsável pela mudança de suas crenças negativas.
- Defina e avalie objetivos a curto e a longo prazo. Assegure-se de que sejam realistas e que estejam em consonância com seus valores.
- Seja otimista, mas não se esqueça de que mudar leva tempo.
- Antecipe os erros e as adversidades. Tenha um plano B preparado. Lembre-se de que os erros servem para aprender.
- Desfrute de suas conquistas. Não estamos falando de ser modesto ou arrogante, mas de assumir o mérito de suas conquistas. Se você merecer um aplauso ou um prêmio por um trabalho bem feito, faça isso! Experimente a alegria do sucesso.
- Desenvolva e relacione-se com seres humanos que tenham ideais, causas, princípios e fé semelhantes aos seus. Para alimentar as conexões, participe de atividades que tragam benefícios à vida dos outros. Faça serviço social e entregue o melhor de si.
- Divirta-se e permita-se fazer algo "louco" ou "fora do comum". Em outras palavras, flua mais e pense menos. Isso fomentará uma atitude de perseverança, entusiasmo e esperança, essenciais para sua saúde física e emocional.

SUPER-RESILIENTE

- Nunca é tarde para correr atrás dos seus sonhos. Requer foco, tempo, perseverança e esforço, atributos que nascem da esperança e de uma vida em consonância com seus valores.

Ainda que algumas crises ou adversidades sejam mais desafiadoras que outras, manter a confiança no bem maior, em sua crença pessoal, religiosa ou espiritual, pode transformar essa experiência em aprendizagem. Como diz o ditado, "o que é seu ninguém tira".

Finalmente, só peço em minha oração a Deus e ao universo que tudo que vivi sirva para que outros compreendam como o poder que vive dentro de nós é ilimitado. Se viver com consciência, amor, fé, servindo a si mesmo e aos demais, criará excelentes resultados.

Sem importar a magnitude da perda ou da crise, é primordial estar preparado para escolher a oportunidade de se transformar em algo maior, através de cada vivência. É uma escolha individual, depende totalmente de você.

Desejo que este livro o anime a se recuperar, a planejar, a sonhar, para dar alegria ao próximo, para inspirar a si mesmo e inspirar aos demais, e também o anime a deixar um legado e ser consciente que você é o autor da sua vida.

> "Impossível brilhar sem conhecer a escuridão". – **ANÔNIMO**

DVS EDITORA

www.dvseditora.com.br

Impressão e Acabamento | Gráfica Viena
Todo papel desta obra possui certificação FSC® do fabricante.
Produzido conforme melhores práticas de gestão ambiental (ISO 14001)
www.graficaviena.com.br